교정의 요정

유리관

음식수

린드믈

교정의 요정

■   교정이란 무엇인가. 온갖 원고의 상상도 못할
오류들을 찾아내 고치는 싸움이다. 이 '무명용사'의 일기는
너무나 보편적인 우리의 노동 환경을 증언한다. 실상 우리
모두가 아무도 중요하게 생각하지 않는 일을, 전혀 가능하지
않은 조건 속에서 각자 떠맡고 있으니까. 산산조각 난 세계
속에서 말을 통하게 한다는 것은 원고를 넘어 사람들 사이의
관계를 고치는 일로 이어질 수밖에 없지만, 이 지점에서
우리는 늘 걸려 넘어진다. 이 넘어짐을 정확히 보려는
고통스러운 노력 속에서 교정공의 일기는 그 어디에도 없는
문학이자 철학이 된다. 바로 우리 일하는 사람들의 책이다.
— 박동수(『철학책 독서 모임』 저자)

망해 가는
세상에서

내가 도대체 지금 뭘 하고 있는 건지 모르겠다는 생각도 이제는 희미해졌습니다. 교정공이라는 직업도 점점 희미해져 가고 있습니다. 바늘방석의 바늘들처럼 꽂힌 채 일터로 집으로 실려 가는 출퇴근길 나는 생각합니다. 바로 지금이 인류 역사상 상대적으로든 절대적으로든 최대의 읽고 씀이 이루어지고 있는 시기 아닐까? 그런데 아이러니하게도, 또는 바로 그래서일지, 나 교정공의 일은 점점 희미해져 가고 있는 것입니다.

어떤 뭔가로 곧 교정공을 대체할 수 있으리라는 이야기도 있습니다. 쓴 사람 자신의 조심성으로, 아니면 무슨 검사기로, 발달한 AI로. 전혀 그렇지가 않다는 사실을 교정공들은 그 누구보다 잘 알고 있습니다. 굳이 대체할 필요도 없이 어차피 헐값이고…… 해 본 적도 없는 녀석들이 멋대로 말합니다. '교정이라는 일은 필요하지 않다'고 하지나 않으면 다행인 판국입니다. 실제로 교정 같은 건 필요하지 않다고 소리 높여 외치는 이들이 있습니다. 여러 이유를 대면서요. 그런 얘기를 들으면 꼭 인종이나 민족에 대한 욕을 들은 것처럼 흠칫 놀랍니다. 나는 청소당하는 걸까요? 그러나 내가 놀라는 진짜 이유는, 견디기 어려운 모욕감을 느끼면서도, 실은 마음 한편에서는, 그에 동의하기 때문입니다. 인간이 굳이 외치지 않아도 이 세계가 내 귀에 대고 그렇게 외치고 있습니다. 필요하지 않다고요. 맞습니다. 나는 비밀스럽게 공공연하게 분명하게 동의하고 있습니다. 그래, 그딴 거, 나 같은 거, 교정공 따위는 필요가 없다! 너희 맘대로들 해! 그겁니다. 그냥 맘대로들 해…….

이 직업에는 내버리기 어려운 특유의 병과 벌도 있습니다. 내가 느끼는 내 노동의 필요와는 무관하게, 그 어떤 잘나고 목소리 높으신 분들의 그 어떤 글에서든 고칠 곳이 보인다는 점입니다. 이 말글을 쓰는 이 나라에서 손발로 의전서열이 꼽히는 분들은 물론이거니와, 지성의 첨단에 계시다

하는 박사 교수님들, 심지어는 저 훌륭 대단한 여러 작가 문호님들까지. 그 누구도 관심이 없는 일에 오직 내가, 폭포 아래서 폭포를 멈추려 하고 있다는 그 느낌, 오직 나만이, 혼자서만 유령들을 보는 듯한, 그 위험천만한 느낌에 붙들릴 때마다 나는 눈을 감아 봅니다. 무엇이 옳고 무엇이 그른가의 기로 앞에서, 속으로 눈물을 쏟고 분을 토했을, 이제 교정의 전당에 들어가 표정 없이 늘어선 선배 교정공들의 모르는 얼굴(데스마스크)들을 나는 떠올립니다. 선배들의 단단한 이마 너머에 무른 것의 고통이, 옳고 그른 것에 대한 한없는 고통과 노고가 있었음을 나는 느낍니다. 이 고통은 대체 언제쯤 끝날까요? 이 고통이 끝나는 것이 온당할까요?

나의 선생님은 '언제든 대체될 수 있는 이들을 가장 존경하라'고 했습니다. 다른 누가 아니라 바로 그런 이들을요. 다른 누구보다도요. 거의 모든 게 위기에 빠져 있고 한국어 역시 그렇습니다. 내 결론은 이겁니다. 교정공의 눈으로 본 말글세계가 지옥이라면 교정공은 악마가 되는 수밖에는 없다, 아니면 여러분을 악마로 만드는 수밖에…… 농담입니다……. 이것은 당신을 나로 대체하려는, 나 교정공의 기록입니다. 이것은 농담이 아닙니다…….

차례

1부 지옥의 교정공

2부　　　문학과 일기

일러두기

1   공단 블로그(https://blog.naver.com/fs2a)와 곡물창고에서 글을
     편집해 싣고 새 원고를 추가했다. 「아 다르고 어 다른 세상에서」는
     인문잡지 《한편》 '대학'(2023년 1월호)에 수록되었다.
2   외래어 표기는 국립국어원의 외래어 표기법을 따랐으며 일부 관례로
     굳어진 것은 예외로 두었다.
3   단행본은 『 』로, 개별 작품은 ' '로, 잡지 등 연속간행물은 《 》로
     표시했다.

1부 　　　지옥의 교정공

피와 해골 신도

복수할 것이다. 교정의 제단에 교정된 피와 해골을 바칠 것이다. 시발…… 복수한다…….

무명용사

애초 혼란한 원고를 준 녀석에게 교정을 보시라고 뭘 줘 봤댔자 혼란한 교정을 해 올 뿐이다. 대체로 봤을 때 제대로 고칠 능력이 있으면 그렇게 쓰지도 않는다. 사장은 '그냥 교수가 해 달라는 대로만 하라' 하지만, 그런 것은 절대 좌시할 수 없는 일이다. 그럼 나는 대체 뭐 하러 있나? 오늘은 옳은 로서를 틀린 로써로 죄 고치라 표시해 놓은 녀석 때문에 위가 쓰리다. 자신감 있으셔서 좋으시겠어요…… 나는 위장에 빵꾸가 나려 하고 있는데…… 제발 좀…… 그런 거는 내가 할 테니까…… 사전 한 번만 찾아보면 다 아는 그런 거를 왜…… 모르면서 아는 척하니 왜…… 제발…… 너네는 지성의 담지자가 아니고…… 이런 거는 그냥 아가리 쌈치고 있어…… 제발…… ㅅㅂㅅㄲ들 진짜…… 그만…… 단도 들고 찾아가기 전에…….

뭐 그런 험한 생각을 속으로만 하며, 도대체 무엇이, 구체적으로 어떤 요소들이 그들을 그렇게 만드는 걸까, 나는 나의 직업적 특성상 증오해 마지않는 그들의 얼굴(신기하게도 꼭 얼굴들이 어디 내걸려 있는데)을 들여다보며 단서를 찾아보려 하지만, 그저 보통 사람의 얼굴이 있을 뿐, 사진으로 알 수 있는 건 없다. 어쩌면 그럼에도 불구하고 그들은 뛰어난 학자이며 좋은 이웃사람일지 모른다. 아주 개차반 같은 녀석이라고 욕하는 글도 가끔 찾지마는, 어디 다 그렇다고 할 수야 있겠는가. 문제는 분명 그들의 존재양식에, 세계에 있는 것이다. 그게 아니면 안 된다. 내가 견딜 수 없다. 그들도 피해자입니다! 암요! 이건 다 그들이 해 달라는 대로 다 해 주지 않으려는 내 잘못이다. 그렇다. 내 탓이다!

내가 입사하기 전, 어떤 교수 녀석이 □□□이라고 틀리게 쓰려는 걸 끝까지 □○□으로 고치려다 대판 싸우고 퇴사한 교정공이 한 명 있었다고 들었다. 그는 단 하나의 자음을 옳게 고치기 위해 자신의 거의 모든 것을, 우리 같은 노동자들에게는 거의 모든 것이나 다름없는 노동 그 자체를 걸었다. 부러질지언정 구부러지지 않은 그의 불굴을 생각하면 내가 지금 로써와 로서 따위에서 물러날 수는 없는 법이다. 나는 그의 얼굴은 물론이요 이름도 모르지만 그는 오늘 무명용사 되어 내 안에 살아 숨 쉬고 있다. 잘못된 교정을 다시 옳게 되돌리며, 나는 그 무명용사가 왜 교수와 대판 싸웠는지 이해한다. 내가 겪은 일인 것처럼 이해한다. 그것은 글자의 옳음을 위한 것이 아니다. 전혀 아니다.

나를 좆되게 하려는 모든 사람들과
사람 아닌 것들

잠깐만, 여기서 '좆되게'는 '좆 되게'로 띄어 씀이 적절할까? 표준국어대사전을 찾아보니 '좆되다'는 한 단어가 아니다. '한 단어'라는 것이 말은 쉬워도 모호한 개념이다.

일단은, 국립국어원에서 표준국어대사전에 올렸으면 한 단어이고 안 올렸으면 아니다. 국어원 측에도 물론 나름의 기준이 있어 어떤 단어를 올리느냐 마느냐를 두고 심사를 거칠 것이다. 사전에 없는 걸 보면 '좆되다'는 아직 심사를 통과하지 못한 모양이다. 그걸 올리려면 더 많은 사람들이 더 오랫동안 사용해야 할 것이다. 혹시 명사 '좆'에 피동이나 형용의 뜻을 더하는 접미사 '-되다'가 붙은 단어로 볼 수는 없을까? 하지만 '좆'이라는 명사 자체에 서술성이나 동작성이 있다고 보기는 어려울 것 같다. 서술성이나 동작성이 있는지는 어떻게 따진담? 다소 빗나갈 위험은 있지만 공식이 있다. '되다' 자리에 '하다'를 넣어서 어색한지 보는 것이다. '좆하다'는 어색하다. 만약 어색하지 않다면, 그리고 '-되다'를 붙였을 때 원래 명사의 의미를 유지하며 피동이나 형용의 뜻이 더해졌다면, 그때는 붙여도 된다. (뭐가 어색한지 안 한지 어떻게 구분하는지는 제발 묻지 마시라. 더 많은 사람들이 더 오랫동안……) 이때 어색하므로 무조건 '-되다'가 아니라고 판단하여 떼어서는 안 된다. 그럼에도 표준국어대사전에 한 단어로 올라가 있는지를 검색해 봐야 한다. 결국 붙이는 편이 적절하다고 국어원에서 판단한 단어들은 사전에 올리기 때문이다.

예를 들어 '참되다'를 보자. '참하다'라는 표현을 쓰긴 하지만 그 경우 '참되다'의 '참'과는 뜻이 전혀 다르다. 그래서 '참ˇ되다'라고 쓰면? 매우 되직하다는 뜻 정도로 읽힌다. 한 단어로서의 '참되다'가 필요한 것이다. '좆되다'의 경우 이미 찾아봤듯 사전에 없다. 역시 '좆ˇ되다'로 띄어 써야 맞는다. 하지만…… 이걸 정말 인정할 수 있나? 분명 국어원의 온라인가나다에도 같은 질문을 한 사람이 있을 것 같다. 찾아보니 역시 있다. 답변은 '띄어 쓰라'는 것이다. 이제는 인정해야 할 것 같다. 이제는…… 하지만 나는 끝까지 인정할 수 없다. 표준국어대사전에는 없어도 내 사전(머릿속의)에는 그 단어가 있다. 지읒…… 조…… 좆…… 역시! 나는 머릿속 사전에서 '좆되다'를 찾아낸다. '뜻하지 않게 몹시 마음에 안 들거나 난처한 상황에 처하다.' 역시 맞지? 나는 그냥 붙여 쓰기로 한다. 내가 국어원의 개냐? 이래서는 뭔가 좀 좆같은 느낌이다. 여기서 '좆같다'는 붙여 쓴다. 그것은 한 단어로 보아 표준국어대사전에 등재되어 있기 때문이다. 내가 자꾸 좆을 들먹이는 것을 부디 용서해 달라. 하지만 표현하고 싶은 어떤 뭔가에 맞는 어떤 표현을 찾다 보면 뭘 피할 수 없을 때가 있다. 그렇지 않나?

이런 식으로, 교정공은 누구보다도 자신과 싸워야 한다. 내 맘에 들게 고치는 것이 아니다. 그렇게 고치는 게 맘에 들지 않더라도 고쳐야 한다. 내가 무슨 말을 하려고 했지? 아, 나를 좆되게 하려는 모든 사람들과 사람 아닌 것들…… 그건 다음에 얘기하자. 오늘 얘기한 것은 사람 아닌 것들 중 하

나인데, 그래도 이 정도는 그렇게 좆되는 문제까진
아니다.

로써와 로서의 구분

교정교열자의 업무는 지옥에서의 밭 갈기와 같은 것이다. 아무도 중요하게 생각하지 않고, 아무도 신경 쓰지 않고, 아무도 거들떠보지 않는 일을, 전혀 가능하지 않은 조건 속에서 감히 가능하게 하려고, 무한한 책임 영원한 책임으로 홀로 떠맡는 것이다.

전에 블로그에 올린 '든과 던의 구분' 편의 조회수는 어느덧 1000을 넘었다. 나의 모자란 재간 때문에 그걸 읽고도 틀리는 사람이 삼분지이라고 넉넉히 가정해도, 지금껏 적어도 300회 이상의 든과 던 교정을 수행한 것이나 다름이 없기에 나는 그만큼 행복해졌다. 내가 지금까지 싼 개똥글들 중에 그보다 더 세계에 분명 공헌한 것은 없다고 봐도 좋을 것이고, 내게도 그보다 더한 보람이 없다. 오늘날 세계에서 정확해지려는 노력은 참으로 귀한 것이 아닌가? 모두의 합심으로 이룬 쾌거다.

　이 세상이 다 틀려도 내가 교정공으로서 딱 하나를 교정할 수 있다고 하면 '든과 던'이다. 든과 던을 모두 고치고 난 뒤, 욕심 많은 내가 눈물로 엎드려 제발 하나만 더…… 하나만 더…… 빌고 울고불고 손을 깨물고 발을 깨물고…… 그렇게 해서 하나 더 고칠 수 있다면 단연 '로써와 로서'다. 둘은 아주 다른 단어인데 또 많이 혼동된다. 끼새수교들 원고에서도 보면 백중팔십이 반드시 틀리고 넘어가는 오류 맛집으로서, 내 생각에는, 자기 노동에 있어 언어를 주요하게 사용하는 사람이라면 마땅히 이 정도는 기본적으로 구분할 줄 알아야만 한다. 나는 뭐 어려운 얘기까지 안 한다. 우린 야만스러운 저 교수 녀석들과 달라야 한다. 우리는 충분히 해낼 수 있다. 많이들 제일 먼저 배우는 핵심 정리.

　　* ○○로써 ~다: [주어]가 ○○을 재료/수단으로 써서 ~하는 것. ~ with ○○
　　* ○○로서 ~다: [주어]가 ○○라는 자격/위상이 되어 ~하는 것. ~ as ○○

* 사람이 밥으로써만 살 것이 아니요: 사람이 밥을 통해서만(처먹으면서만) 살 것이 아님.
* 사람이 밥으로서만 살 것이 아니요: 사람이 (뭔가의) 밥이 되면서만 살 것이 아님.

둘 모두 같은 자리에 쓸 수는 있기에 미묘하긴 하지만, 보다시피 뜻은 확연히 다르다. 중요하게는 주체가 달라지는 것이다. '로써'를 쓰면 사람이 밥을 갖고서 살든가 깔고서 살든가 뭐 어쩌든가 하는 거다. 그런데 같은 자리에 '로서'를 쓰면 사람이 바로 밥으로 취급됨을 가리킨다. 마 넌 내 밥이야, 아니야 니 밥 아니야…… 뭐 그런 뜻.

즉 '○○로써'를 쓰면 '○○을 통해/○○을 재료로 하여'를 뜻하고, '○○로서'를 쓰면 '○○이 되어/○○로 삼아'를 뜻한다.

* 도구로써 존재한다: 도구를 통하여 존재한다.

'도구로써 존재'한다면 도구와 구분되어/도구를 사용하여 따로 존재하는 뭔가가 있다는 뜻이다. 일테면 인간. '인간이 도구로써 존재한다'고 하면 인간이 도구를 사용함을 통해 존재한다는 얘기이지, 인간이 도구로 취급된다는 뜻이 아니다. 좀 어색하게 느껴지는 문장이긴 하지만 뜻은 분명하다.(그러나 로써와 로서를 구분하지 못하는 독자들이 혼동할 수 있기 때문에, 사려 깊은 작자라면 다르게 표현할 것이다.)

　* 도구로서 존재한다: 도구가 되어/도구라는 위상으로 존재한다.

　'도구로서'라 쓰면 어떤 뭔가가 도구라는 자격/위상으로 존재한다는 뜻이다. 한낱 도구이건 중요한 도구이건 뭐건. '인간이 도구로서 존재한다'면 인간이 도구 취급을 받는다는 얘기.
　이건 어떨까? '숟가락은 먹는 도구로서 존재한다'고 했을 때 도구=숟가락.

　* 숟가락은 먹는 도구로써 존재한다: (×, 뜻이 통하지 않는 틀린 문장)

　굉장히 많이 틀리는 예다. '숟가락'이 밥을 퍼 먹는 '방법'이니까 이렇게 쓰면? 자기 개의 이름을 고양이라고 지은 뒤에 남의 고양이를 고양이라고 부르면서 저걸 개라고 봐도 되지 않느냐 묻는 것과 같다.(대충 말도 안 된단 얘기) 뭔가를 완전히 혼동해 머릿속이 엉망진창이 돼 버린 경우로, 뜻이 통하지 않는 틀린 문장이다. 뭐가 틀렸다는 거지 싶다면 심호흡을 하고 다시 잘 보자. 만약 숟가락이 먹는 도구'로써' 존재한다면, 숟가락이 스스로 존재하기 위해 '먹는 도구'를 사용한다는 말이다. 씨발 도대체 뭔 소리야?

　우리의 좁아터진 대갈통 속에 로서와 로써를 더 확실히 집어넣기 위해 다른 예문을 더 들어 보자. 그 자신이 일자무식이었던 나자렛의 예수가 같은 처지의 개돼지들을 위해 수많은 비유를 들었듯이…… 우리는 조금씩은 예수가 되어야 한다?

* 개로써는 할 수 없는 일: 개를 통해서는(부려서는) 할 수 없는 일. 개를 데리고서는 할 수 없다는 뜻. 개로 무슨 일을 하려는 누군가가 있음.

* 개로서는 할 수 없는 일: 개 자신, 개라는 자격·위치로는/'개'가 되어서는 할 수 없다는 뜻. 하고 못하고가 하여튼 개에게 달려 있음.

* 그 바퀴는 나무로써 만들어진다: 나무를 재료로 하여 그 바퀴가 만들어진다.

아마도 이런 용례 때문에 파면 팔수록 더 헷갈리는 것 같다. 여기서 또 기계적으로 바퀴=나무가 맞으니까 '그 바퀴는 나무로서 만들어진다'고 하면 역시 영 뜻이 통하지 않는 문장.

* 그 바퀴는 나무로서 취급된다: (○)
* 그 바퀴는 장인의 손으로써 만들어진다: (○)
* 그 바퀴는 혼신의 명작으로서 만들어졌다: (○)

우리의 본격적인 고장은 나무나 바퀴 등등의 자리에 추상적인 단어나 인격/비인격이 들락날락하면서부터 발생한다. 단순히 로써나 로서를 다른 단어로 바꿔서 맞으면 맞다고 볼 것도 아니다. 쉽게 쉽게 가려고 들어선 반드시 틀린다. 언어엔 지름길이 없다. 막대한 양의 틀린 문장 데이터와 직업적으로 접할 수 있는 위치로서, 점점 더 어려운 예문을 점점 더 빠르게 들어 보이겠다.

* 행정부의 일부로써 검찰을 규정하는 것은……: (×, '행정부의 일부'라는 것을 통하여/사용하여/재료로 하여 검찰을 규정? 뜻이 통하지 않는 틀린 문장)
* 마음으로써 살펴보자: 마음을 써서 살펴보자는 뜻.

* 문법나치로서 살펴보자: 문법나치가 되어 살펴보자는 뜻.

* 다음의 예로써 살펴보자: 다음의 예를 들어 살펴보자.

* 다음의 예로서 살펴보자: (×, '다음의 예'라는 자격이 되어 살펴본다?)

* 예로써 다음과 같은 경우가 있다: (×, '다음과 같은 경우'가 '예'라는 것을 사용?)

* 예로서 다음과 같은 경우가 있다: 다음과 같은 경우를 예시의 자격/위치로 들겠다.

* 예술로써 작동되는 억울한 영혼들: 예술을 통하여/예술 때문에/예술을 이용해 억울한 영혼들이 작동됨.

* 예술로서 작동되는 억울한 영혼들: 억울한 영혼들이 작동되는 것이 바로 예술임 = 작동되는 억울한 영혼들 as 예술.

* 내가 인간으로써 만들려는 것은 인육만두이다: 인간을 재료로 쓰겠다는 뜻.

* 내가 인간으로서 만들려는 것은 인육만두이다: 인간이 되어 감히 한번 만들어 보겠다/마땅히 만들어야 한다는 뜻.(문법적으로는 틀리지 않음)

* 노동자로써만 그 일을 성공시킬 수 있다: 노동자

를 사용해야만 성공시킬 수 있음.

* 노동자로서만 그 일을 성공시킬 수 있다: 노동자 아닌 다른 상태로는 성공시킬 수 없음.

* 나로서는 그 일을 알 방법이 없었다: '나'라는 입장·상태로는 그 일을 알 방법이 없음.

* 그로서는 나로써 그 일을 알 방법이 없었다: 그가 나를 통하여서는 그 일을 알 방법이 없음.(어색한 문장이지만 문법적으로 틀리지는 않음)

* 당시로서는 불가능한 일이었다: '당시'라는 자격=형편/조건인 채로는 불가능한 일이었음.

* 당시로써는 불가능한 일이었다: (×, '당시'를 통하여 어떤 일의 가능함을 달성하려다 실패했다는 뜻? SF에서 곡예로서 쓸 수도 있는 문장.)

* 현재로서는 방법이 없다: '현재'라는 자격=형편/조건으로는 방법이 없음.

* 현재로써는 방법이 없다: (×, '현재'를 통하여/재료로 하여/사용하여 방법 없음을 달성하려고?)

'-으로서'와 '-으로써'도 원리는 같다. 여기까지 클리어했다면 비로소 표국사 기준 '로써 3번 뜻'(=까지 세어)을 외워도 되며, 그다음엔 '로서 2번 뜻'(='로부터'의 예스러운 표현)까지도 염두에 둘 수 있다. 이 글에서 거기까지 다루지는 않겠다. 특히 로서 2번 뜻 같은 경우엔, 그런 것까지 다 고려하다간 로써와 로서의 구분은 더욱 난망해져 버리고, 구분할 이유마저 아예 희미해지고 만다. 나로선 그런 건 그냥 좀 없애 버렸으면 좋겠는데, 본래 언어라는 것이 그 속성상 각축할 자리가 끝없이 있어 왔고 또 생겨나기 마련, 국립국어원의 온라인가나다가 그토록 매일매일 전쟁터인 까닭도 거기에 있다. 한계선 너머의 일에 대해서는 어느 정도 개개인이 결단을 해야 한다. 그러니까 그딴 건 몰라도 좋다! 그리고 여기까지 와서 결국엔 알아차리기를, 로써와 로서 모두 조사 '로'의 지나치게 넓은 뜻을 조금 더 세심히 구분하기 위해 뒤에 뭘 붙여서 표현하게 되었다고 볼 수도 있을 것이다. 거기서 더 정확해지려고 뒤에다 뭘 또 더 붙이는 것이다. 로써만, 로서의, 로써는…… 정 모르겠다면 자존심을 접고 문장이 덜 정확해지는 것을 감수하면서 써와 서를 그냥 지워 버려도 좋다.(이 글은 그러지 말자는 뜻으로 썼지만)

　　정확히 쓰기 위해 중요한 것은 '아무것도 믿지 않는 것'이다. 특히 절대 완전히 믿지 말아야 할 것들: 맞춤법검사기, 종이로 된 국어사전, 네이버 사전, 논문, 책, 기사 따위의 용례, 공중파든 유튜브든 가릴 것 없는 바보 자막들, 온라인가나다의 답변들, 표준국어대사전의 예문, 이것을 쓰는 나, 그리고 여러분 자신. 어떤 저자들은 로써와 로서의 위치를 신기할 정도로 100퍼센트 정확히 바꿔서 써 갖고 오기도 한다. 아주 정확하게 믿어야 하는 반대로 믿은 셈, 그것도 나름의 노력이므로 인정해 줘야 하는가? 당연히 아니다. 잠에서 깨어난 아가인 듯이 로써와 로서의 구분을 시작한 우리는 드디어 지옥으로의 한 발짝을 내딛고……

지옥에서 밭 갈기

지옥에서 어떻게 밭을 갈 수 있을까? 지옥은 불타고 있다. 지옥은 형형색색으로 녹고 있다. 지옥은 너희의 것이 아니다. 지옥은 우리의 것이다. 다름 아닌 우리의 지옥이다. 여기가 즉 지옥이다. 사후세계…… 우리에 앞서 죽은 이들의 死後世界는 어디 다른 곳이 아니라 바로 이곳이다. 우리가 사후세계로 가는 게 아니다. 우리가 간 뒤 이곳에 사후세계가 남는다. 이 사후세계에 죽은 이는 없으되 죽음은 남았다. 또는 아무것도 남지 않았을 수도 있다. 너희 죽은 이들은 이곳이 더 나아지리라 믿으면서 죽었을지 모른다. 또는 반대로 '드디어 이곳을 떠나면서' 죽었을지 모른다. 어쨌건 사후세계는 너희 자신이 없는 미래이고 우리에게는 지금이다. 그리고 이곳은 지옥이다. 같은 식으로 아직 죽지 않은 우리에게도 사후세계가 있다. 하지만 그곳에 우리는 없다. 우리는 너희의 사후세계에 틀림없이 살고 있다. 지옥에서 어떻게 밭을 갈 수 있을까? 그것이 우리가 하려는 일이라면.

울어라!

청소년기부터 나는 좌파들이 대체 뭘를 어쩌자는 얘기인지 궁금히 여겨 왔다. 그래서 이것저것 찾아본 것이다. 음 글쎄 절쎄 하면서. 대체로 그들은 맞는 말을 하는 것 같았다. 모두 맞는 말을 하는 건 아니지만, 그 시점 제일 맞는 말을 하고 있는 사람을 찾고 보면 그 사람이 좌파인 것만은 거의 언제나 같았다. 내가 그들에게 해 주고 싶은 말도 있다. '당신들이 무슨 소리를 하고들 있는지 유심히 읽고 있는 사람이 여기에 있다!' 근데 그래서, 이 녀석들은 도대체 뭘 어쩌자는 거지?

그 결과 지금까지 내가 알아낸 좌파의 첫째 주장은 이거다. '자 그것을 우리 함께 생각해 봅시다!' 이래서야…… 개새끼들 소리가 절로 나오죠? 하지만 사실이다. 여기서 '우리 함께'라는 게 내가 느끼기엔 가장 중요하다. 물론 최소한의 뭐는 있어 왔다. 거 뭐 노조를 하자…… 국유화를 하자…… 뭐를 어쩌고저쩌고하자…… 기타 시발저발것을 허자…… 그래.. 통일.. 통일을 허자!111 옛날엔 그거였고, 하여튼 그런 게 있었다. 그래서 우리…… 좌파들은 자기들끼리도 뭘 하자고 할 건지를 놓고 솔찬히 싸워 온 것이다. 기본소득을 하자느니 말자느니…… 나라별로, 또 시기별로, 뭐냐면, 여럿이서 뭔가를 함께한다는 게 가장 중요하니까. 결국 내가 깨달은 것은 하여튼 좌파한테 이래라저래라 하는 게 답이라는 점이다. 이게 답인 것은 지난 몇 세기 동안 너도나도 나서서 좌파 욕을 한 데서 알 수 있다. 좌파가 있건 없건 하여튼 좌파 욕을 하면 된다. 우파 탓 같은 건 리버럴 녀석들이나 하는 거다. 이 나라에 과연 리버럴 녀석들이 있는지는 차치하고…… 여하간 좌파를 탓하면 된다. 현 상황을 진실로 책임질 수 있는 것은 좌파밖에 없기 때문이다. 그러면 좌파는 울먹울먹하면서 네…… 저가 어떻게든 해 볼게요…… 어떻게 해서든지…… 역시 이런 게 좌파 아니겠나?

결론적으로 말해 좌파란 소위 민중이 '아 씨발

더는 답답해서 못 참겠다!!!1’ 하면서 뭔가를 시작할 때까지 울먹거리고 있어야 하는 이들이다. 울어라!!1 울어라고!11 이것이 바로 나의…… ‘눈물의 좌파’론이다. 누_ㄴ물이 다 날 것 같네……

2018년 9월 12일

ㅈㅎㅇ 같은 치들을 보면서 깨달았다. 왜 사형제 폐지는 좌파의 의제인가? 죽일 놈들이 너무 많기 때문이다. 그렇다고 또 덮어놓고 잡아서 죽이다 보면…… 그러니까 사형제 폐지는 제도적으로다가 일종의 자제력을 갖추어 보려는 시도인 것이다. 사실 전부터 왜 사형제 폐지가 좌파의 의제인지 아리송한 면이 있었다. 생명의 소중함…… 그거를 진짜로 생각할 리는 없고('그 사상'은 종교를 번역하려는 시도이지 종교는 아니다.) 국가의 폭력이 어쩌고 하는 데에서는 역시 고개를 갸웃거리게 되었다. 고작 그게 이유인가? 그런데 이제는 깨달았다. 이런 치 저런 치들이 고개 빳빳한 것을 보고서 깨닫지 않기가 더 어려웠다. 죽여 버려도 시원찮을 놈들이 너무나

많기 때문이다. 좌파는 그야말로 권력을 '사용'해 버릴 작정이기 때문에, 그 이전에 맘속의 흑염룡을 봉인하기 위해서 사형제를 폐지하려는 것이다. 거기서 말하는 '국가 폭력'이란 대통령 ㅂㅈㅎ의 그것이라기보다는 서기장 J.S의 그것을 가리키는 것이라는 무서운 사실을 깨닫고, 이제 나는 완전한 무오류의 사형제 폐지론자가 된다…….

교정기관차

어쩌면 이런 이야기를 들어 봤을 수도 있다. 한 단어에서 첫 자와 마지막 자를 제외한 나머지 글자의 배열을 마구 뒤섞더라도 우리가 충분히 문장으로 읽어 낼 수 있다는 이야기. 인간의 정신은 글을 한 자 한 자씩 읽는 게 아니라 단어째로 인식하기 때문이라고.

Aoccdrnig to a rscheearch at Cmabrigde Uinervtisy, it deosn't mttaer in waht oredr the ltteers in a wrod are, the olny iprmoetnt tihng is taht the frist and lsat ltteer be at the rghit pclae……

영어를 줄줄 늘어놓은 것을 용서해 달라. 이

이야기는 한국에서도 '캠릿브지 대학의 연결구과에 따르면……'으로 번역되어 재밌고 신기한 밈 정도로 알려졌는데, 교정공의 입장에서는 꽤 의미심장한 면이 있다. 철자를 뒤바꿔도 문장을 읽을 수 있다고?! 그런 일이 가능할지라도 일어나게 두어선 안 된다. 독자이긴 독자이되 독특한 종류의 독자인 교정공은, 틀린 문자열을 재정렬해 주려는 뇌의 자동 활동을 거슬러야만 한다. 기필코.

도대체 어떤 녀석들이 '글자들을 뒤바꿔' 놓는가? 저자, 디자이너, 당연히 교정공 자신까지 포함하여, 글자를 건드릴 수 있는 인간들 모두…… 그리고 글자를 건드릴 수 있는 컴퓨터들. 그런데 틀릴 수 있는 것은 철자만이 아니다. 모르는 어문 규범, 잘못 아는 어문 규범, 손가락의 잘못된 입력, 교정 사항이나 의견에 대한 잘못된 읽기, 망각, 누락, 도서 형식상의 통일 사안, 사실 자체, 번호들, 선들, '스타일', 그 외 온갖 종류의 부주의, 똥고집, 마치 요정처럼 왔다 가는, 인터넷과 프로그램상의 전기적 오류들…… 틀릴 수 있는 것의 범위는 말 그대로 상상초월이다. 책 만들기에 참여하는 이들은 '무엇이 틀렸는지'에 앞서 무엇을 틀릴 수 있는지부터도 알지 못한다. 저자들? 언어에 대해서도 문외한인데 책에 대해서는 말할 것도 없다. 디자이너들? 애초에 글자라는 걸 읽기 싫어하고 실제로도 읽지 않는다. 그 외? 그 외 녀석들의 관심은 누구의 관심이건 다 훼방일 뿐이다.(재차, 이렇게 쓰는 걸 부디 용서해 주십시오……) 틀렸는지 맞았는지 알지 못하는 정도라면 다행이다. 맞는데 틀리다 알고, 틀렸는데 맞는다 안다. 틀린 것을 안다 해도, 고쳐 달라 말하는 방법을 모르고 무엇을 고치라는 건지 이해하지 못한다. 만약 고친다 해도, 어떻게 고쳐져야 맞는지를 모르고 맞게 고쳐졌는지를 모른다. 그리고 그 모든 영역들에서 부분적으로만 맞고 부분적으로만 틀린다. 이 엉망 사태 가운데 던져진 사람은 교정공이다. 그 모두가, 교정공이 개입하지 않으면 안 되는 일이다. 그게 바로 교정공의 일이다.

이제 다음과 같이 정의해 보자. 교정이란, 교정공을 좆되게 하려는 모든 사람들과 사람 아닌 것들이 어디까지 틀릴 수 있는지를 시험하기 위해 합심하여 만들어 내는 온갖 상상도 못할 오류들을 찾아내 고치는 싸움이다. 철자를 죽박뒤박으로 바꾸더라도 읽히고야 마는 글을, 교정공은 부드럽게 읽지 말아야 한다. 거기 개입해야 한다. 머릿속에만 있는 '무오류의 책'과 대조하면서 그렇게 해야 한다. 교정공은 상상 초월의 오류들 속으로 들어가야 하고 위로 날아가야 하고 지하로 파고들어야 한다. 모사든들람과 사아람닌것들이 합하심여 만내어들는…… 앞서 말한 밈은 어떨까? '캠브릿지 대학의 연구'라는 것부터가 지어낸 이야기라고 한다.

이제 나, 교정공의 머릿속을 들여다보고 있는 으뜸차원의 어떤 교정공이 있다고 하자. 그 교정공은 생각한다.

'나를 좆되게 하려는 뭔가(들)가 있어서 내가 고통을 받고 있다.' 이런 식의 생각은 그대로 두기 어렵다. 정말로 저 교정공을 좆되게 하려는 뭔가가 있다 하더라도 그렇다. '저 사람(또는 무엇)이 나를 해치려 한다'는 느낌, 악의 가운데 던져졌다는 느낌은, 그가 정말로 악의 가운데 던져졌는지 아닌지와 무관하게 그를 망친다. 두 번이나 반복해서 지적할 정도로 그러하다. 그것은 위험한 도식이다. 사자의 아가리 속에 손을 넣은 상상만으로 그는 어깨를 쓸 수 없다. 그래서는 허공에 손을 물린 꼴이고, 도탄으로 빠져드는 미끄럼틀을 즐기는(당연히 전혀 즐겁지 않겠지만) 모양새다. 그가 아니라면 꼭 누군가, 일테면 악마가 즐기는 듯이. 미끄럼틀에 스스로 다시 오르는 것은 그다. 다시 양손을 허공에 뻗고…… 다시 엉덩이가 갈리고 만다. 저 교정 공은 정신적 위기에, 이상한 마음에 빠져들고 있다. 교정공을 좆되게 만들기 위해 사람들이 뭔가를 틀리는 것이 아니다. 그런 마음은 교정공이 품고 갈 수 있는 것이 아니다. 내가 나서지 않으면 안 된다. 그 맘에 내가 개입하지 않으면 안 된다…… 무한수의 비유를 들어서라도 교정해 주지 않으면 안 된다. 교정공은 좆되지 않는다는 걸, 교정공은 하나의 기관차가 되어야 한다는 걸…… 잉잉징징이 아니라 칙칙폭폭이 되어야 한다는 걸. 내가 나서지 않으면 안 된다.

그러나 이런 생각은 버금차원의 교정공으로선 도저히 좌시할 수 없는 것이다. 자, 무엇이 오류냐면……

이차원의 교정공들

무엇이 오류냐면…… 내가 틀렸는지 세계가 틀렸는지 확신할 수 없다는 것이다. 그런데 교정공의 세계에서 확신할 수 없다는 것은 손댈 수 없다는 뜻이 아니라 어떤 식으로든 정해야 한다는 뜻이다. 인쇄는 내 확신이 어쨌든 이루어진다. 메일을 쓰든 그대로 밀어붙이든 전화를 돌리든 모른 척하든 인쇄라는 최종심 전에 결착을 지어야 한다. 지어야 하는데, 아무리 그래도 고통받고 있는 교정공의 기분만을 틀린 것으로 정하고 갈 수는 없는 법이다. 오류는 반드시 집단적이고 종합적이다. 고통을 교정하려고 드는가? 그것은 가당치 않다.

　　하지만 그렇게 해 보자. 고통을 교정해 보자. 교정공은 차원을 오가며 의심해야 한다. 어쩌면 고통도 가려낼 수 있을지 모른다. 옳은 고통과 그렇지 않은 고통으로, 마땅한 고통과 그렇지 않은 고통으로. 마땅한 고통이라면 얼마든지 감내할 수 있다. 하지만 그게 아니라면 원인을 찾아낼 수가, 어떤 오류인지 알아낼 수가 있을지도 모른다. 규범상의 오류일까? 일관성에 맞지 않는 걸까? 손가락의 잘못된 움직임? 밖으로 이어졌는지 안으로 이어졌는지, 오류의 실타래를 따라가다 보면, 그것을 따라간 끝에 만난 것을 교정한다면, 고통을 좀 덜 수 있을지도 모른다. 아니, 그게 맞는 것일 수 있다. 그게 바로 으뜸차원의 교정공이 해야 하는 일일 수 있다. 이보십시오, 읽고 있습니까? 그게 바로 해야 하는 일이다!

　　찾아낼 수 없다고? 찾아내도 고칠 수 없다고? 머릿속이라는 화면에 집게손가락을 대고 꼬집어 보자. 넓게 보자는 것이다. 이것은 어쩌면 뭔가를 고쳐야 하는 사람, 고치려는 사람 모두가 겪고 있는 문제인지도 모른다. 고통은, 사람 모두…… 어쩌면, 뭔가를 고치지 않는 일이라는 것은 존재하지 않는지도 모른다. 좀 더 적절하게 말해, 그 정의상 '일'이란 뭔가를 고치는 행동인 것이다. 뭔가를 뭔가로, 그것이 아닌 것을 그것으로, 씨앗을 열매로,

공터를 집으로, 철을 기계로, 식료를 음식으로, 1학년을 6학년으로, 아픈 사람을 덜 아픈 사람으로, 드러난 것을 덮고 덮인 것을 드러내면서, 맞추고 끼우고 바꾸고 표시하고 가르치고 배우면서, 한 상태를 다른 한 상태로 만드는 행동으로써 세계와 상관하여 얽고 얽히는 것을 '일'이라 해 보자. 한편으로는 머릿속의 어떤 것과 이곳의 이것을 대조하면서, 한편으로는 현실과 뭔가를 주고받으며, 누군가와 함께 경험 가능한 이전과 이후를 자아내는 행동이 바로 일이라고. 그것은 반드시 공동의 이전과 이후이므로, 오류 역시도, 부정적인 뉘앙스를 걷어내고 말하자면, 바꾸고 싶은 상태 역시도 종합적이다. 그리고 당연하지만, 한 인간인 채로 그에 닿는 데에는 한도가 있다. 고치려는 이가 교정불가능성과 대면하는 것, 즉 막대하고 압도적인 고쳐져야 할 것의 더미 앞에서 무력(無力)을, 저능과 무능을 겪어 보는 것은 당연한 수순이다. 그로부터 받는 고통도.

　집게손가락을 벌려 다시 확대해 보자. '고쳐지기 전'이라는 상상이 주는 막대함 앞에서 손끝 하나도 움직이지 못할 때…… 역시 선배 교정공들의 모르는 얼굴(데스마스크)들을 떠올려야 할 것이다. 이제는 물질을 떠나신 선배님들, 교정규범이란 짚더미를 등에 지고 불구덩이로 뛰어들었던. 나와 같이 보이지 않는 동료 교정공들의 분투가 재 되어 날린다. 연기 맵고…… 눈물 콧물 기침과 함께 '나 혼자'라는 상상의 오류는 교정되어야 할 것이다. 또 다시 집게손가락으로 꼬집어 보자. 두 번, 세 번. 만사가 이미 개입들이라고, 이미 협동이라고 생각해 보자. 일이란 어쩌면 사람만의 것이 아닐 수도 있다. 아니, 사람만의 것이 아니라고 생각하는 편이 옳다. 만약 인간들의 상태를 인간 아닌 것들이 고치려고 한다면? 코로나 바이러스는 1장의 중간보스에 불과했던 것이다. 지금 여러 방향의 힘이 있다고도 해 보자. 자연, 문자, 자본…… 이것은……? 어쩌면 고통의…… 고통의 분배가 문제인 거 아니냐? '돈이 나와야 일'이라는 최신의, 오래된, 거대한 오류 앞에서……

오 제발 정신을 좀 차려 봐……

최악의 저자

내가 쓴 거 내가 고칠 때 제일 지친다. 그에 비하면 다른 일은 고통은 있을지언정 행복한 편이다. 내 꺼 고칠 때 내가 상대해야 하는 놈은 도무지 만족할 줄도 모르면서 나한테 전권을 위임한 개 같은 저자 새끼, 바로 그 개새끼다. 하지만 다른 편으로는 그 새끼가 상대해야 하는 교정공에 대한 원망도 있다. 정말로 그걸 고쳐야 하는 거냐? 남이 쓴 거 고치는 걸로는 부족한 거냐? 그냥 여기에서만이라도, 내가 그냥 되는 대로 지껄이게 두면 안 되나? 굴레를 벗어 두면 안 되냐? 굳이 애를 써서 뭘 고칠 이유가 있냐? 뭐가 옳은지 그른지, 누가 어떻게 읽을 것인지, 그런 걸 고민해야 한다고? 진짜로? 여기에서까지 내가 그래야 된다고? 허공에 혼잣말하는 여기에서까지?

　이런 세계에서 뭘 잘 쓰려고 든다는 자체가 이중의 고통을 제시한다. 그러기 싫고, 그것은 옳지 않은데, 그것은 그래야 하고, 그것은 온다. 어쨌건 쓰레기 더미가 있다면 나는 거기에 있어야 하지 멀리 가서는 안 된다. 모든 것을 줍고도 싶지만 모든 것을 망치고도 싶다. 하지만 그건 나 때문이 아니다. 너희들 때문이다. 이게 도대체 무슨 소리냐? 그분들, 교수들에게도 뭔가를 좋게 해내고 싶지 않은 이런 맘, 나와 같은 고약한 맘, 좋은 것을 쓰고 싶지 않은 마음이 분명 있을 것이다. 다 이해가 된다. 이 최악의 저자들을 벌세우는 의미로 나 자신을 대표로 삼아 물구나무……

든과 던의 구분

언어 능력이 거의 와해된 듯한 녀석들이 자신의 엉망진창 원고를 엉망진창으로 교정하는 것을 구경하고 있으면 일단 화가 나지만 그다음엔 슬프고 안타깝다. 그는 맨 처음 엉망진창 원고를 쓰면서 무슨 윤문 같은 걸 기대했을지도 모른다. 물론 나는 그럴 생각이 없다. 이것은 열 명이 넘는 저자들이 함께 쓰는 일천 페이지짜리 책 한 권이고, 이것 말고도 다른 대여섯 권의 책을 동시에 봐야 하는 단 한 명의 교정자인 나는 각 원고들에 대하여 한정된 정도의 도움밖에는 줄 수가 없다. 한자리에 모인 저자들(교수들) 개개인의 언어 능력 차이가 민망할 정도로 드러나는 와중, 나한테는 그걸 평준화시켜 줄 시간 같은 게 없는 것이다. (짬짬이 이런 글을 쓰면서 태업을 저지를 시간을 빼면) 윤문 같은 걸 기대하고 엉망진창 원고를 넘겨 버렸던 그 교수는 이제 자신의 글을 책임져야만 하는 상황에서 자신의 진정한 무능, 그동안 별 책임감 없이 남한테 떠넘기느라 깨닫지 못했던 자신의 심연 같은 무능과 대면해야 한다. 그저 조사를 한두 개 틀리는 정도가 아닌, 최소한의 조리 있는 한국어 문장 작성 능력부터가 완전히 박살이 난 듯한 이런 사람, 아무래도 병원부터 가 봐야 할 듯싶은 이런 사람이 치료를 받는 게 아니라 교수라는 직책에 적어도 열 명 중 세 명씩 있다는 것, 그리고 이런 이들이 뭐를 쓴다고 원고까지 맡게 된다는 것은, 분명히 문제가 있고 슬픈 일이다. 반도 체고의 지성이라는 양반들이 이 모양 이 꼴인데 내가 무슨 든과 던의 바른 구별과 사용을 도대체 어떻게 논할 수 있단 말인가…….

그럼에도 말해야만 한다. 일단 이 원칙을 기억하면 좋다.

* 든-든지-든가: (선택, 나열)
* 던-던지-던가: (과거)

하지만 이것만으로는 부족하다. 둘을 제대로

구분해 쓰려면, 의미상 '던가/던지'는 '던'+'지/가'이고 '든'은 '든지=든가'의 준말이라는 점을 이해해야 한다. 과거의 일을 언급하는 뉘앙스가 있다고 해서 무조건 '던'을 써야 맞는 게 아니다.

차근차근히 살펴보자. 이 든가(든지)는 정돈된 문장에서보다는 구어체에서 주로 사용되는데, 문장에서나 발음에서나 틀리는 걸 보면 자신이 무슨 뜻으로 말을 하고 있는지도 모르고 하는 말의 대표적인 예다.

* 먹든가 버리든가 해라 (○)
* 먹던가 버리던가 해라 (×)

이 예문으로 써 놓으면 여기까지는 어렵지 않다. 실제로 더 많이 사용되는 경우, '버리든가'부터는 생략되고 '먹든가' 한 번만 나오는 경우에는 약속이나 한 듯 헷갈려 버리고 만다.

* 그거 좀 먹든가 해라 (아니면 버리든지 다른 거 먹든지 하여튼 현재 상태를 멈추라는 뜻)
* 그거 좀 먹던가 해라 (뜻이 통하지 않는 틀린 문장)

나아가 '해라' 부분까지 생략된다면?

* 그거 좀 먹든가! (아니면 말라는 뜻/왜 안 먹느냐, 안 먹었느냐는 뜻)
* 그거 좀 먹던가! (여어! 먹던가?! 걔가 그걸 먹었느냐고 외쳐 묻는 의문문!)

저기서 '던가'로 써 놓고 과거에 그것을 먹었어야 했다는 뜻이니까 던가가 맞다고 하면 붙들어야 할 끈을 놓친 셈, 칼이 뭘 써는 데 쓰는 도구니까 칼을 거꾸로 잡고 파를 썰어도 맞는다는 격이다. '던가'가 그 뜻에 맞게 바르게 쓰이려면 이런 식이어야 한다.

* 어찌나 잘 먹던가! (과거의 일에 대한 회상·감탄)
* 잘 먹던가? (과거 일에 대한 추측)
* 걔가 그걸 안 먹었던가 그랬던 걸로 기억한다 (○)

보면 알겠지만 '던가'를 정말로 쓸 일은 많지 않다. 대부분의 사용에서 '든가'가 맞고, '든가'가 훨씬 넓게 사용되는 단어다. '~던+가'에는 과거에 대한 '의문' '추측' '감탄' 말고 다른 뜻은 없다. 특히 '~ 등' 정도의 의미로 '~던가'를 쓰면 아주 틀려 버린 것이다.

* 배가 처부르던 시절에는 싫은 건 그냥 안 먹는다 던가 그런 일이 많았다. (×)
* 배가 처부르던 시절에는 싫은 건 그냥 안 먹는다 든가 그런 일이 많았다. (○)

여기까지 오면 거의 이해한 거나 다름없다.

* 그거라도 좀 먹든가 (아니면 뭐 다른 거라도 먹든 어 쩌든 하라는 뜻)
* 그거라도 좀 먹던가? (걔가 그거라도 먹었느냐고 묻 는 경우)
* 쫄리면 뒈지시든가 (아니면 뒈지지 마시고=혀가 왜 이렇게 기냐는 뜻)
* 쫄리면 뒈지시던가? (;전부터 쫄리면 뒈지는 스타일 인지 묻는 경우?)

다음과 같은 의문문이라면?

* 그거 좀 먹든가 했어? (또는 안 먹었든가/다른 거 먹

었든가 했느냐는 뜻)

* 그거 좀 먹던가 했어? (걔가 '그거 좀 먹던가'라고 말
했느냐는 뜻?)

이해가 되는가? 이제 연속 예문으로 쐐기를
박자.

* 교수 새끼가 너무 싫어서 주먹으로 코를 때려 버
렸다든가? (또는 우산으로 패 버린다든가, 오리걸음을
시키든가……)
* 교수 새끼가 너무 싫어서 주먹으로 코를 때려 버
렸다던가? (코를 때렸다고 들은 것 같다)
* 자든 말든 네 맘대로 해라 (○)
* 나의 살던 고향은…… (○)
* 예전에 시골에 갔는데 개라든가 새라든가 벌레라
든가 많았다 (○)
* 든가라든가 던가라든가 로서라든가 로써라든가
한국어 사용자라면 잘 구별해서 써야죠 (○)
* 던가던지 든가던지 뜻만 통하면 되는 거 아니냐
(뜻이 통하지 않는 틀린 문장)
* 띄어쓰기라던가 그런 데까지는 바라지도 않는다
(×)

이 든과 던은 어떤 대단하신 전문좆문가들(특히 꺼무위키의)은 말할 것도 없고 잘나신 교수님들, 심지어 우리 편집노동자나 교정노동자 동지들마저 왕왕 틀려 버린다. 책과 만화책은 물론이요 기자들은 사실 관계만 확인하고 써 주면 다행인 판국이니 이런 건 기대할 수조차 없다. 방송? 말해 무엇 하겠나…… 나는 지난 몇 년간 이 둘을 왜들 이렇게들 틀리는지 여러 가지로 생각해 보았다. 대공유시기에 '~とか'를 무조건 '던가'로 옮겨 버린 아마추어 역식자들 탓? 표준국어대사전에서 '든가' 쪽에는 '던가'의 잘못임을 이야기하고 있지만 '던가' 쪽에는 '든가'의 잘못임을 이야기하고 있지 않기 때문에? 이유는 아무래도 좋다. 이렇게 가다간 아예 규정이 바뀌어 버릴 것만 같다. 인간이 살지 않는 광야에서 든과 던 구분법이 적힌 샌드위치 패널을 멘 채 오랜 세월 알몸으로 헤매고 있는 기분인 나로서는 올해도 심려가 깊다. 이거를 이해시키는 데만도 이렇게 얘기를 줄줄 해야 하는데 로서와 로써, 데와 ˇ데, 지와 ˇ지, 만과 ˇ만까지는 도대체 어느 세월에…… 그러나 우리는 할 수 있다. 여기서부터 시작하면 된다. 누군가는 이 흐름을 막아야만 한다. 그 누군가는 바로 당신이다. 바로 당신이 이 성전에 참가해야 한다!

핵 광야의 피케팅과
라디오 방랑

커다란 널빤지 두 개에 끈을 달아 어깨에 앞뒤로
걸쳐 멜 수 있게 만들었다. 널빤지에는 무엇이 옳
고 무엇이 그른지 적혀 있다. 그 내용은 정확하
다. 그 밑으로, 동지는 입은 것 같지도 않은 거적때
기 같은 걸 입고 있다. 동지는 그런 차림새로 광야
를 헤매고 있다. 한 손에는 라디오를 들었고, 라디
오에서는 무엇이 옳고 무엇이 그른지 나오고 있다.
그 역시 널빤지에 쓰인 것과 같이 정확한 내용이다.
녹음된 목소리가 무한히 반복 재생되고 있다. 십중
팔구 죽은 이의 목소리일 것이다. 아마 모두 죽었
을지도 모른다. 모두 죽었을 것이다. 모두 죽었기
때문에 정확한 것이다. 동지는 어디서부터 어디까
지인지도 모를 광야를 돌아다니고 있다. 무엇이 옳

고 그른지 적힌 패널을 걸치고, 원래부터 자신의 목소리였던 것만 같은 목소리를 들으면서, 건전지가 도대체 언제 다할 것인지, 이미 너무 오래된 것 같은데, 어째서 라디오가 꺼지지 않는지 불안해하면서.

2019년 9월 21일

기후위기 비상행동. 간다는 사람이 없어서 혼자 갔다. 연단에서 인류라는 단어를 들은 것이 좋았다. 결국 이런 날이 다 오고 마는구나. SF는 이제 하나도 재미없다. 사람들의 얼굴들이 그래도 밝은 것이 좋았다. 아이들과 청소년들이 많아서 좋았다. 좋나? 좋고 슬펐다. 행진 선두 트럭 연사의 카랑카랑한 목소리, 레크리에이션 행사 같은 톤도 좋았다. 어디서 나는지 모를 북소리도 좋았다. 브라스 버전의 세븐네이션아미도 좋았고. 선언문 낭독에서 인터내셔널이 깔린 일도 좋았다. 앉아서 듣다가 나도 모르게 일어섰다.(농담) 전부 너무 슬펐다. 전체적으로는 적록연대의 바로 그 분위기였다. 이런 날이 온 것이 슬펐다. 좋고. 4000명 정도 추산하던데 내가 보기에도 그랬다. 많은 건 아닌데 적은 것도 아니었다. 누군가를 많이 데려와 같이 볼 수 있으면 좋았을 텐데 그러지 못해 안타까움. 데모에 데려오지 못한 사람들이 언제나 안타깝다. 이 좋은 구경을. 그냥 자기들이 알아서 오면 더 좋을 텐데……. 그런 곳에서 아는 사람과 우연히 만나는 건 정말 좋은 경험이다. 혼자 겪는 데모 풍경은 너무 자극적이고 너무 많은 감정을 불러일으키고 너무 지친다. 피켓을 든 지인의 지인을 목격했지만 아는 척하지는 않았다. 행진이 시작되면서는 ★★당 대오 앞으로 나서는 야마가타 트윅스터. 역시 아는 척하진 않고, 맨 앞을 봤다가 맨 뒤까지 보고 다시 맨 앞으로 갔다. 북을 더 엄청 쳤으면 좋겠다고 생각. 풍물패. 장막을 늘어뜨리고 그 아래를 통과하는 멋있는 기획. 끝까지 가지 못하고 녹초가 되어 도중에 귀가.

나의 교정 노하우들

※ 갈지자교정

일필휘지로 썼니? 나도 갈지자로 본다. Z자로 휘저으면서 한 번의 내려감으로 맞춤법과 띄어쓰기만 본다. 뭔가 부족하게 느껴진다면 2회 수행하여 문장의 뜻까지 보는 ZZ교정으로 보충.

※ 5퍼센트 샘플링교정

임의의 한 페이지를 펼친다. 틀린 것이 있는지 찬찬히 본다. 틀린 것이 있다면 책 전체에서 해당 오류 패턴만 찾아 수정한다. 모두 수정하였으면 다시 임의의 한 페이지를 펼친다…… 전체 페이지 수에 0.05를 곱한 수의 임의의 페이지를 확인.

※ 카체이싱교정

막히지 않고 끝까지 가는 것을 가장 중요시하는 교정. '일단 본다'는 데에 주안점을 둔다.(전복폭발엔딩)

※ 통일신봉대

친구들아 그날은 반드시 온다! 소원은 통일, 오직 통일 외길로…… 문자와 문자 사이, 벽과 벽, 선과 면, 너와 나를 지나…… 차원을 건너 스타일을 통일하는 데 주력한다. 오직 숫자와 모양만 보며 다른 것은 신경 쓰지 않는다.

※ 해킹교정

음모론에 맞서는 하나의 방법: 음모론의 논리 안에서 음모론을 해킹.(예: 백신 접종 후 50분 내로 150cc의 미지근한 물을 마시면 인간 기지국이 되는 것을 막을 수 있다.) → 어순은 그대로 유지하면서 조사 수정·문장부호 추가 등 최소한도의 몰래 교정. 자기가 쓴 거 고치는 데 질색하는 저자의 엉망 문장을 어떻게든 '규범상으로는' 맞게 만든다.

※ 메소드교정

폭주하는 교정욕망을 평상시에도 풀어놓는(un-leash)다. 업무 중이건 아니건 교정 ON 상태로 만사를 바라봄으로써 언제 어디서든 어디로든 용암이 흐르듯 무엇이건 교정할 수 있는 상태를 유지한다. '모든 것이 마뜩잖다!'

※ 이빨부수기

이가 부서져라 이를 악물고 교정 & 쉴 새 없는 당분 공급의 투트랙 접근. 악으로 깡으로 퇴근까지 닥치는 대로 고치면서 버틴다. 나를 죽이지 않는 것은 나를 강하게 만든다.(죽을 수도 있습니다.) 동시에 탕비실 운영 관리에 대한 강력한 민주적 개입을 위한 사내 조직화에도 매진.

※ 웃는얼굴교정

웃는 얼굴을 만든 채로 교정한다.(거울을 보면서 사전 연습) 그 어떤 쓰레기 같은 교정지 앞에서도 웃는 얼굴로 뇌를 속임으로써, 다른 건 몰라도 정신위생 하나만큼은 확실히 챙긴다. 꼬리로 몸통을 흔드는 비책. 개인적으로 가장 애용하는 방법으로서, 적극 추천하는 기본 교정 기법.

※ 킬러교정

다들 살인을 좋아한다. 요즘 세상에 재밌으려면 무조건 살인이 들어가야 한다. 자신을 킬러라 생각하며 오류를 찾아내 냉혹하게 교정, 노동으로부터 재미를 찾는다. 돈 때문에 어쩔 수 없으므로 사적인 감정을 버리는 것이 중요. 피할 수 없음을 즐기는 자세. 망나니교정, 살인마교정, 전쟁영웅교정 등으로 응용 가능.

※ 방통요법

나는 뇌양현의 방통이고, 지난 100일 동안 술만 마셨으며, 화가 머리끝까지 난 장비가 지금 칼을 들고 와 있다. 한나절 안에 어떻게든 밀린 일을 처리해야 한다. 할 수 있다. 별거 아니다. 나는 백지재가 아니다…… 어차피 이게 맞는지 틀린지 알아차릴 사람도 없고…… '이 세상에 교정공은 너와 나뿐.'

※ 약물교정

진통제 한 알 먹고 교정. 미신이나 헛된 기대, 머리에 힘주기 등이 아닌 의학적으로 검증된 고통 경감 효과를 노린다. 약물은 하나의 분자-기계인데 안경을 쓰는 것과 뭐가 다른가? 못 말리는 교정사이보그 되기. 해당 기법 사용 중 금주할 것. 과용에 주의.

※ 배짱교정
내가 교정 개판으로 봤는데 어쩔? 니가 뭘 할 수 있는데? 어? 어?

※ 인권교정
'그들도 인간이다!' 완벽하지 않기에 인간이다. 개들도 거리에 똥을 누면 주인이 주워야 하는데 하물며! 인간권리 옹호의 교정 정신 최대화. 하지만 저도 인간인데요……? 완벽하지 않기에 인간이다…… 완벽하지 않기에…… 언뜻 오류처럼 보이는 것들도 더 깊은 뜻이 숨겨진 운명으로 받아들이고 모든 것을 용서하는 聖人교정 단계로 심화.

※ 심안교정
눈을 감고 이마 한가운데로 정신을 집중. 시간의 흐름에 몸을 기대고 마음의 눈으로 교정지를 본다. 보이지 않던 것이 보이고 들리지 않던 응원이 들릴 때까지. '일어서라 교정공…… 깨어나라 교정공……!' 거대한 활력이 솟아오르는 깨달음의 순간

이 올 때까지…… 나를 해고해 줄 때까지…….

(당신만의 교정 노하우를 친구와 공유하세요!)

교정의 요정

교정의 요정이 나타나 내일까지 이 원고를 다 교정해 줬으면 좋겠다……. 그러나 교정의 요정은 그 반대의 일을 합니다. 몇 명의 사람이 매달려 아무리 눈이 빠져라 교정을 보더라도 인쇄된 책에 반드시 하나 이상의 오류가 존재한다는 사실을 알고 있습니까? 그것이 바로 교정의 요정의 소행입니다. 누군가의 맞춤법을 지적하는 글의 어디 한 군데는 반드시 틀리기 마련이라는 사실, 그로부터 어렴풋이 알아차릴 수도 있을 겁니다. 그 또한 짓궂기 짝이 없는 교정의 요정의 소행입니다. 교정의 요정은 문자와 비문자 사이 틈새 차원에 살고 있습니다. 그 차원에 얽혀 있는 것은 인쇄소, 인쇄기, 출판사 사무실, 교정공과 디자이너와 저자의 컴퓨터 내부, 광케이블, 전화선, 수많은 사람들의 뇌신경, 그리고 읽힘이 일어나는 시간과 일어나지 않는 시간, 전 세계 언어문화의 흐름과 적층…… 글이 책으로 되기 위하여 추상적으로 물리적으로 거쳐 지나가는 모든 것입니다. 교정의 요정은 양지바른 데서 다리를 꼬고 드러누워 있다가 내키는 때가 오면 손깍지를 쭉 밀고 활동에 나섭니다. 한 글자를 슬쩍 바꾸고, 자음이나 모음 한 개를 슬쩍 돌려놓고, 한 칸을 지우고, 두 칸을 넣고, 선과 숫자를 밀고 당깁니다. 그냥 순전히 장난으로요. 어쩌면 요정에게는 우리가 헤아릴 수 없는 어떤 의무가 있는지도 모릅니다. 어쨌든 교정의 요정의 개입은 불가항력입니다. 언제 개입하는지 알 수 없고 어떻게 개입하는지도 알 수 없습니다. 그냥 자기 맘대롭니다. 거역할 수 없는 신비이지요. 따라서 완벽한 책 같은 것은 있으려야 있을 수가 없습니다. 이 점을, 적어도 우리 교정공들은 기억할 필요가 있겠습니다. 도대체 어떻게 이런 걸 틀릴 수 있느냐, 도대체 왜 아무도 못 본 거냐, 이거를 도대체 왜 틀렸냐고 길길이 날뛰는 이가 있다면 교정의 요정이 그랬다고, 적어도 자기 자신에게는 속삭여 주십시오.

번제물

교정의 요정에 맞서는 방법: 눈에 띄지 않는 별거
아닌 오류를 슬쩍 남겨 바칠 것. 맞춤법을 일부러
틀리고 일부러 틀린 티를 낼 것. 복잡하지만 소리
내어 읽으면 옳은 문장으로 혼란시킬 것. 쓸데없는
것은 모두, 모두 치워 버리고 분량을 줄일 것. 가장
중요한 것은 글로 쓰지 않고 암시할 것.

띄어쓰기

맞춤법까지는 바라지도 않는다. 문법만, 주술 호응만 지켜 줘도 감사하다. 띄어쓰기? 전혀 바라지 않는다. 하지만 반대로 봐야 맞을 수도 있다. 띄어쓰기가 된다면 다른 것도 자연히 풀리지 않을까? 띄어쓰기에도 이런저런 법칙들이 있다. 그 법칙 하나하나를 지금 당장 외워 달라는 게 아니고, 일단 하나만 인정해 보자는 거다. 한국어로 쓰인 문장에는 공백에 뜻이 있고 붙임에도 뜻이 있다. '방ˇ안'이라 쓰면 방의 안을 뜻하고 '방안'이라 쓰면 일을 해결하여 나갈 방법이나 계획을 뜻한다. '다음날'이라쓰면 언젠가를 뜻하고 '다음ˇ날'이라 쓰면 (대체로) 내일을 뜻한다. '함께하자'고 쓰면 뜻/행동/생활/고락 따위를 함께하자는 뜻이고 '함께ˇ하자'고 쓰면 함께 [뭔가를] 하자는 뜻이다. '띄어ᵛ쓰라'는 것은 공백을 넣어 쓰라는 뜻이고 '띄어쓰기하라'는 것은 이 지랄 같은 띄어쓰기를 따르라는 뜻이다…… 우리가 연결하지 않고 떼어 놓음에 뜻이 있다는 것을 이해할 수 있다면, 떼어 놓지 않고 연결함에 뜻이 있다는 것을 우리가 이해할 수 있다면. 왜 그래야 하는지를 이해할 수 있다면, 그저 나오는 대로 되는 대로 쓰면 곤란에 빠지는 이유를 헤아릴 수 있다면, 틀림과 다름의 구분이 공백에도 있음을 인정할 수 있다면, 한글의 처지와 한국어의 처지와 한국의 처지를 있는 그대로 받아들일 수 있다면, 거기서부터 뭔가 시작할 수 있다면…… (끝)

교정의 골짜기

목줄을 채우고 싶은 두 가지 유형의 쓰는 이가 있다. 하나는 '나는 절대 안 틀려'다. 무조건 자신이 맞는다고 아득바득 우긴다. 어디서 뭘 잘못 보고 온 게 있는지, 어떤 감각의 혼란이 있는 건지, 아니면 이상한 신념이 있는지…… 하여튼 절대적으로 자신은 틀리지 않았다, 틀리지 않는다고 자신이 믿으면 틀리지 않는다는 식이다. 물론 그는 틀린다. 당연하다. 틀리지 않는다는 일은 일어나지 않는다.(이런 일은 꿈에도 없으며 결단코 없다.) 이 경우 뭔가를 틀린다는 것은 전혀 문제가 아니다. 자신은 틀리지 않는다는 그의 확신, 아득바득 우김이 나를 돌게 만든다. 뭐가 됐든 일단 우기고 보는 그 자세가.

다른 하나는 '나는 틀려도 돼'다. 그는 자신이 무조건 틀린다는 것을 알고 있다. 그러므로 당연히 그걸 고쳐야 하는 사람이 따로 있다. 어쨌건 자신이 고쳐야 하는 건 아니다. 그는 아무것도 터치하지 않는다. 정확히 말해 거의 아무것도 터치하지 않'았'다. 그의 원고는 드넓은 불모지다. 그는 자신의 원고를 돌보지 않고 떠나갔다. 애초에 돌보아 본 적도 없다. 그의 생각은 이렇다. 돌봐야 하는 녀석이 어디 있겠지? 그는 떠난다. 얼마 뒤 그는 죽이고 싶은 땅주인처럼 돌아와 검수에 나선다. 돌봐야 하는 녀석이 잘 돌봤나? 그게 나라는 거다. 이 경우에도 뭔가 틀린다는 건 전혀 문제가 아니다. 똥무더기를 쥐 놓고 열매만을, 오직 자신의 열매만을 기대하는 그 무책임함이 나를 돌게 만든다. 쓰기에 가담 중인 우리 모두가, 이렇듯 골짜기의 들개들과도 같다.

엉덩이: 두 개인가?

두 개의 문단으로 이야기해 보겠다. 엉덩이가 두 개냐 하나냐 하는 것은 나 교정공의 입장에서 보면 두 개라고 할 수도 하나라고 할 수도 있다. 결론부터 말하자면 문맥과 상황을 따라 달라질 '엉덩이'라는 단어의 범위에 달려 있는 것으로, 특정 부위를 최대한 정확하게 지칭해야 하는 해부학적 용법(의학이나 근육 운동 등)에서야 두 개라고 칭할 수 있겠지만, 그게 아니라면 하나라고 씀이 타당하다. 예를 들어 서산육쪽마늘의 경우, 1포기의 마늘을 놓고 '이건 마늘이 6개야'라고 할 수 있는가? 물론 할수 있다. 까놓고 보면 마늘이 6개 있다고 해도 틀렸다 할 수 없는 법이다. 하지만 이미 1포기의 마늘이라고 했는데…… 그럴 때는 '6쪽의 마늘이 들어 있다'거나 '6개의 마늘쪽이 있다'고 한다. 엉덩이의 경우에도 마찬가지다. 위에서 마늘이란 단어가 1포 기의 마늘과 6개의 마늘쪽을 동시에 가리킬 수 있는 것과 마찬가지로, 엉덩이란 단어 역시 사전적으로 볼기의 윗부분과 볼기 전체를 함께 가리킬 수 있는 단어이다. 그렇다면 이걸 정확히 하기 위해 우리에게 '한 인간의 엉덩이'를 세는 단위, 또는 '개개의 엉덩쪽을 세는 단위'가 새로 필요한가? 2개의 엉덩이라고 하면 한 사람의 엉덩이를 말하는 것이고, 2 UNIT의 엉덩이라고 하면 두 사람의 엉덩이를 말하는 것으로? 만약 그런다면 거꾸로 하는 셈이다. 대부분의 경우 엉덩이는 기준점을 중심으로 왼쪽 엉덩이와 오른쪽 엉덩이로 나뉘기 때문이다. 통상적으로 우리는 '왼쪽/오른쪽 엉덩이'라고 부를 수 있으며, 그래서 엉덩이라는 단어가 양쪽 엉덩이를 다 가리키기도 하는 것이다. 만약 양쪽으로 구분되지 않는 엉덩이, 또는 세 번째나 네 번째의 엉덩이가 있으며, 그 사실이 예외적이지 않은 것으로 인준되고 있다면, '2개의 엉덩이'라고 했을 때 '3개의 엉덩이'와 구분되는 의미심장함에 비로소 고개를 끄덕이게 될 것이다. 하지만 오늘날 대체로 그런 식으로는 생각되지 않기 때문에 우리가 '두 개의 엉덩이가 있다'고 할 때에는 한 인간에게 속한 엉덩이가 2단위 있다, 곧 두 사람의 엉덩이가 있다는 것으로 받아들이고 사용함이 자연스럽다.

　　많은 이들이 숱하게 강조했듯 질문이 중요하다. '엉덩이는 두 개인가?'라는 질문 자체가 그리 정확하지 않은 유령 같은 질문이다. 이런 때는 단어 '엉덩이'의 의미와 '두 개'의 의미가 합의되어야만, 그와 더불어 질문이 나온 이전 상황과 질문의 의도(역사와 미래)가 명확해져야만 한다. 두 개 엉덩이의 소동을 평정하기 위해 맥락으로부터 떨어져 나온 이런 두루뭉술한 질문을 들고 어디에다 어떻게 때려 박을까 정하는 것이 또한 대답하는 사람개입하려는 사람의 일이고 묘미다. 내 생각에는, 대부분의 사회적 말다툼도 이와 같은 식의 접근이 널리 이뤄져야 '죽여야 하는 경우'를 최소화하면서 해결 가능해진다. 존재하는 다른 모든 것과 마찬가지로 언어에도 적어지려는 속성(사라지려는 속성)과 정확해지려는 속성(많아지려는 속성)이 함께 있으며, 그 모순이 언어를 변화시킨다. 그 변화는 다시 언어의 변하지 않으려는 속성(영원하려는 속성)과 모순을 이루며 언어의 바깥과 상호작용한다. 만약 누군가 "한 인간에게는 엉덩이가 2개 있다!"라고 갑자기 주장하며 나선다면 거기엔 아마 그럴 만한 이유가 있을 것이다. 그 자리에서 뭔가를 새롭게 얘기해 보고 싶다거나, 엉덩이를 2개로 인식하게 된 경험을 말하고 싶다거나, 개개인을 초월해 엉덩쪽을 3개 이상 세어야 하는 자신의 처지를 말하고 싶다거나…… 만약 한 인간의 낱낱 엉덩이를 세는 단위로서 '개'를 사용하는 방향으로 언어를 변화시키고자 한다면, 그러한 쓰임이 널리 통용되는 조건이 마련되어야 한다. 또는 이미 마련되었거나, 아니면 발화 자체가 그러한 조건을 만들기 위한 노력의 일환이거나…… 우리는 세계에 맞게 언어를 변화시킬 수도 있고, 언어에 맞게 세계를 변화시킬 수도 있다. 세계가 변하는 것을 따라 언어를 고쳐 쓰거나, 세계와 무관한 어딘가에 언어를 저장해 놓을 수도 있다. 요즘은 어떠하며 우리는 어쩔 것인가? 언어는 본래 흔들리는 것이다. 거기에 기대는 방식에도 두 극단이 있다. 혹시 '엉덩이가 두 개라는 건 거짓말'이라거나 '엉덩이가 하나라는 건 거짓말'이라고만 말하고 있지는 않은가? 말들이 맞게 부려지고 있는지 성실로 살피는 데 일조하고 행해야 할 것이다. 그러거나 말거나 웃고 말 개소리가 있는가 하면, 혀가 으깨져 죽어도 바꿔야 할 세계

가 있다. 소련 붕괴 이래로 나, 인민의 문제 인식이
이와 같다.

아 다르고 어 다른 세상에서 上

나는 절망한 교정공이다. 정확히 쓰자면 절망했던 교정공이다. 이제 그런 시기는 지나갔다. 이 일에 대한 나의 마음은 언제부터인가 결딴이 나 버렸기 때문에 이젠 괜찮다. 우리 사랑하는 끼새수교님들의 원고를 교정하다가 이렇게 된 것이다. 아무 탓할 것이 없다. 다 나의 탓이다. 교수님들께 아무 말도 하지 못한 나의 탓! 만약 교수님들께 한마디 전할 수 있다면 뭐라고 할까? 지난 몇 년 동안 여기에서 일하며 그런 순간을 자주 상상해 봤다. 교수님들께 감히 한 말씀 올리는 순간. 하지만 내가 정말로 하고 싶은 일이 무슨 간절한 말씀 한마디 드리는 건가? 잘 모르겠다. 말이 왜 필요하지? 교수님들께 얼차려를 드리고 싶을 뿐 아닌가? 오, 교수님들, 이쪽으로 모여 주세요! 여기 줄 맞춰 보세요! 하나에 교수도, 둘에 사람이다! 그 왜 요즘은 다들 누군가에게 얼차려를 주고 싶어 하지 않나? 안 된다면 자기 자신에게라도. 내가 나 자신에게 되뇌는 말. 하나에 교수도, 둘에 사람이다! 나는 무슨 신세 한탄을 하려는 것은 아니다. 아니어야 할 것이다. 그렇다면 도대체 무슨 얘기를?

　　내가 하루 종일 들여다보는 책들은 대개 대학 학부의 교재다. 번역서도 있고 저서도 있다. 이걸 정말 교재로 쓰는지 어쩌는지는 모른다. 머리말에서 쓴다 하니 쓰는가 보다 할 따름이다. 쓴다고 해도 안 쓴다고 해도 나는 묘한 기분에 휩싸인다. 내가 교정한 책이 책꽂이로 들어가 몇 해 묵은 다음 중고로 팔리거나 폐지로 버려질 때까지 절대 펼쳐지지 않는 상상을 가끔 해 본다. 그것은 고통스럽다. 학생들이 책에서 말도 안 되는 오류를 발견하는 쪽이, 그래도 그보다는 낫다. 그 학생은 교수님께 이 책의 여기 이 부분이 도대체 어떻게 된 노릇인지 물어볼 수도 있다. 그러면 교수님은 출판사 탓을 하면 된다. 나라도 출판사 탓을 할 것이다. 너무 짜릿한 상상, 강단에 서서 이 책의 어느 부분이 어떻게 틀렸는지 설명하는 우리 교수님들에 대한 상상! 내가 눈에 특별히 불을 켜고 교정해야 하는 역·저자 소개를 보면, 이분들은 모두 어디에서 무엇을 하셨고 무엇을 옮기셨고 무엇을 쓰셨고 무엇을 받으셨고…….

그런 훌륭한 우리 교수님들, 자신이 쓴 원고에 마땅히 전문가 대여섯 정도가 일거에 달라붙어 최상의 결과물을 만들어 내리라 여기시는 듯한 우리 훌륭한 교수님들 일부의 상상과 달리, 나 한 명의 교정공은 보통 두어 권의 교재를 동시에 본다. 짧은 거 한 권이 500쪽쯤 된다 치면 50쪽씩 10개장, 대여섯 교수님들이 두 장씩 나눠 맡으므로 나는 열댓에서 스무 분 교수님들의 원고를 한 번에 늘어놓고 보는 셈이다. 그렇게 늘어놓고 보면 교수님들 사이의 문장 수준에 차이가 있다. 아마 A부터 F까지 점수를 매길 수도 있을 것이다. 그중에는 잘 쓰고 못 쓰고를 떠나, 정녕 이 문장을 한국 최고의, 뭐 최고까지는 아니더라도, 교양 지성인이라는 이가 썼단 말인가 싶은 그런, F조차 아까운 경우도 있다. 어떻게 이런 일이 있을 수 있을까, 이 나라 학문의 미래는 어떻게 되는 건가, 도저히 믿을 수 없지만, 교수님이 보내는 이메일이나 메모 따위를 함께 살펴보면 이것은 이 교수님의 문장이 분명하다. 아마도 한국어에 원래 서툰 분이시거나, 원래 학문과 문장은 아주 별개인가 보다, 과연 그럴지도 모르고, 그래서 내가 있는 것이다, 내 일이 있는 것이고, 하여튼 내가 찰떡같이 알아들으면 된다, 어떤 개떡이 앞에 놓여도, 그렇게 생각하면 그만이다. 그보다도 긴 장탄식이 나오게 만드는 것은 아무리 봐도 한 인간의 문장이 아닌 경우다. 어떤 교수님들의 원고는 아무리 봐도 거기 적힌 이름보다 많은 사람이 쓴 것이 분명하다. 나는 그것을 모를 수 없다. 도대체 교수님 아닌 누가 그 원고들을 썼단 말인가? 그것은 모른다. 대학에 대해 잘 아시는 분들이 아실지도 모른다. 그래도 '사람'들이 썼다면 그나마 다행? 그 자신은 단 한 번도 읽어 보지 않은 게 분명한(읽어 봤다면 인두겁을 쓰고서 그걸 그냥 보낼 수야 없으므로), 번역기의 일차 생산물이라고밖에 볼 수 없는 뭔가를 원고라며 넘기는 교수님들도 있다. '번역 엔진이 역자 서문을 써야겠다'와 '차라리 번역기라도 돌려 줬으면' 사이에서 나는 입을 다문다. 이 학부 교재라는 것은 아예 별거아니기 때문에 이렇게들 하시는 걸까? 더 중요한 책은 이렇게 안 하실까? 아니면 이 교수님의 원고는 일괄적으로 다 이런 식인데, 단지 책의 중요도에 따라 교정공의 수준이 달라지는 걸까? 여러모로 봤을 때, 적어도 교재를 쓰는 일에 있어서는, 이 교수님들이 노고에 합당한 보상을 받지 못하고 있는 게 분명하다. 그렇지 않다면 이럴 수는 없는 법이다. 도대체 얼마를 드려야 노고에 합당하다고 여기실지는 잘 모르겠다. 내가 알 수 있는 것은 많지 않다. 좀 기분 나쁘게 들릴지도 모르겠지만, 나는 나를 유독 고통스럽게 하는 교수님들의 얼굴은 한번 검색해 본다.(하여튼 스무 교수님들 중 두엇의 얼굴은 꼭 검색해 보게 된다.)

　　대충 번역기 한 번 돌린 것을 원고라며 보내는 등의 일이 있으면 교수들끼리 서로 싸우기도 한다. 서로 싸우기라도 하면 차라리 다행이고, 대개는 서로에 대해서든 책에 대해서든 큰 관심도 없다. 아니, 다행인 게 맞나? 교수님들이 책에 세세한 관심을 갖는 편이 좋나? 저마다 나서서 이 교수님은 이렇게 해 주세요, 저 교수님은 저렇게 해 주세요, 이러면 내 일이 두 배 세 배가 될 뿐……. 어쨌든 출간일은 정해져 있다. 내가 교수님들과 싸울 수 있는 것도 아니고 내 상사 또는 원청업체의 편집자가 대신 싸워 주는 것도 아니다. 그런데 잠깐, 원청업체라니? 말 그대로 나는 이 일을, 출판 편집을 대행

하는 회사에서 하고 있다. 원청업체인 출판사들로부터 일을 받아서 한다는 이야기다. 교수님들과 연락을 주고받고 어르고 달래고 일정을 조율하는 편집자 역할은 그쪽 편집자와 내 상사가 나눠서 맡는다. 내 상사는 원청업체와 교수님들에게 그때까지는 이래서 저래서 안 된다 하소연한 다음에 우리 사장님한테 깨지는 사람이고, 원청업체 편집자는 이때까지 이거 해 주세요 저거 해 주세요 한 다음에 이것도 제대로 못하느냐고 핀잔주는 사람들이다. 언젠가 하도 화가 나서 찾아본 원청 홈페이지에는 무슨 해외 굴지의 교육 계열 어쩌고의 자회사라 적혀 있던데…… 입맛이 달아나며 더 알고 싶지도 않아졌다. 그러니까 내가 만드는 책의 출판사명 자리에는 원청업체의 이름이 들어가고, 책에 이름이 올라가는 사람은 역자 또는 저자인 교수님들 그리고 원청업체 쪽 편집자다. 나 교정공은 힘써 만든 것에 자기 이름이 들어가지 않는 대부분의 사람들과 같은 처지에 있다. 애당초 몇이나 되겠나? 나는 무슨 신세 한탄을 하려는 게 아니다. 내가 해야 하는 말은 무엇인가?

이건 어떨까? 트위터에서 누군가가 실험용 쥐 rat 을 '랫드'라고 부르는 과학계의 해괴한 표기법에 대해 황당해하는 이야기를 봤다.

> 가장 황당하다고 생각하는 한국의 과학용어 중에 실험용 쥐 rat를 "랫드"라는 해괴한 표기로 쓰는 전통이 있음. 왜 이걸 랫드라고 쓰는지 아무도모름. 근데 교과서 같은데도 저렇게 쓴 책많음. 심지어 국가 법령같은데서도 저렇게 씀. 그냥 단체로 이상한 표기인걸 다 알면서도 그냥 다같이 틀리는거임 @JaesikKwak. 2022년 10월 6일, 오후 10:38. Tweet.

'랫드'라니 도대체 무슨 일이 일어나고 있는 걸까? 어쩌면 내가, 완전히 이해할 수는 없지만, 이 신비에 대해 약간은 말할 수 있을지도 모른다. 직업적으로 이런 일에는 나도 약간의 책임감을 느낀다. '랫드'는 물론 일하다가 종종 마주치는 단어다. 나도 처음 봤을 때는 어이가 없었다. 책의 처음부터 끝까지의 말이 서로 통할 수 있도록, 또한 책의 바깥과 안의 말이 서로 통할 수 있도록, 정해진 규범을 따르거나 규범을 정해 고치는 것이 우리 교정공의 일이다. 기본적으로 '랫드' 같은 게 나오면 표기법에 맞도록 다 고쳐야 맞는다. 하지만 그랬다가는 이거를 왜 맘대로 고쳤느냐고 따지는 교수님이 계실 수 있고, '학술적' 영역이므로 무엇이 표기법에 맞는지부터가 다소 애매한 부분이 있다(그 누구도 나 대신 싸워 주지 않는다). 실상을 말하자면 교재 한 권에서 rat 하나를 놓고 그 번역어로 '랫드', '래트', '랫트', '랫', '시궁쥐', '쥐' 등등으로 다 다르게들 쓴다. 아예 rat이라고 그대로 쓰는 사람도 있다. 세계로 뻗어 나가려면 한국어의 족쇄에서 벗어나야 한다는 뜻? 이게 교수님들끼리만 통일을 못 하고 있는 거면 그래도 행복한 경우다. 앞서도 이야기했지만, 한 교수님이 맡았다 하는 한 장 안에서도, 분명히 한 사람이 썼어야 하는 한 문단 안에서도, 심지어는 바로 옆 문장에서도, 나로서는 다르게 쓸 이유를 전혀 찾을 수 없는데 다르게 쓰시는 (자연히 얼굴을 찾아보게 되는) 분들이 적잖다. 즉 대부분의 경우 이 문제에 대해 아예 처음부터 쥐털만큼의 관심들도 없는 것이 아닌가? 그러므로 책 한 권에서 '랫드'로 통일되어 있기라도 하다면 그나마 누군가의 노력이 있었음이 분명하다. rat은 '랫드'라고 옮긴다고 하는, 어쨌든 이 책 안에서만은 통하는 약속을 세우려는 누군가의 노력이 있었던 것이다. 그러므로 나도 교정지에 다음과 같은 메모를 달아 물어봐야 한다.

'rat'의 번역어가 '랫', '랫드', '래트' 등으로 통일되어 있지 않습니다. 어떻게 하는 것이 좋을지요?

만약 전체 감수를 맡아 끌고 가는 교수님이 없다면, 그 메모를 본 교수님들이 다 같이 모이려 들 수도 있다. 모여서 회의한 끝에 어떤 결과가 나오기까지 우리는 기다려야 하고, 그 결과가 나오면 그대로 반영해야 한다. 어쨌든 출간일은 정해져 있고 우리에게 달라붙어 있는 책은 한 권이 아니다. 시간이 정 부족하면 나 외에 다른 외주 교정자를 구해야 할지도 모른다. 구한다 해도, 그에게 이렇게 저렇게 해 달라 하는 것은 결국 내 일이다. 해 달라는 대로 그가 한다는 보장이 있는 것도 아니다. 내가 처음부터 아예 아무것도 묻지 않고 내 멋대로 고쳐도, 또는 전혀 안 고쳐도 아무도 신경 안 쓴다. 나는 항상 그런 유혹에 시달린다. 어쨌든 그 시점에 전체를 읽어 본 사람은 나 혼자다. 그럼에도 각자 자기 생각들이 있으신 여러 교수님들 사이에서, 무슨 교통정리 비슷한 것이라도 가능한 나이 지긋하신 교수님으로부터 교정공이 받은 답이 '랫드'라면, 이 구조 속에서, 그것은 그냥 랫드면 그만인 것이다. 랫드라고요? 왜죠? 이렇게 되물을 사람은 아무도 없다. 예전에는 있었을까? 나는 모른다. 사장님은 그냥 교수들이 해 달라는 대로만 하라고 말한다. 네가 입씨름을 하려고 들지 말고, 교수들이 해 달라는 대로만 해라. 너는 시간만 맞춰라, 너의 업무보고에 따르면 너는 지금 하루에 몇 쪽을 보고 있는데, 어쨌든 네가 하루에 몇 쪽 이상 봐야 우리가 수지타산이 맞고…….

　자, 사장님은 나를 왼쪽으로 당기고 동료님들은 나를 오른쪽으로 당긴다. 원청업체는 앞에서 나를 당기고 교수님들은 뒤에서 나를 당긴다. 다 그만두고 싶은 마음이 나를 아래로 당긴다. 내가 좋아하고 사랑하는 것들이 나를 위로 당긴다. 나는 내가 보고 있는 교정지를 양쪽으로 동시에 당기고 싶다. 이것이 내가 만들고 있는 책이 당하고 있는 얼차려의 구성이고 가련한 예비-책들이 처한 상황이다. 말 못하는 책들, 그러나 만들어져야만 하는. 내가 교정 보고 있는 원고 외의 모든 것이 내 눈과 손과 마우스 포인터를 당긴다. 나도 당연히 업무시간에 몰래 트위터 합니다! 랫드가 어쩌고 하는 얘기도 그러다 본 것이다. 아니, 어떻게 사람이 쉼 없이 교정만 봅니까? 내가 항상 하고 싶은 말: 당신이 한번 해 보세요, 네가 해 보세요! 눈앞이 깜깜해지도록 아침부터 밤까지 한번 봐 보세요! 그리고 항상 하는 생각: 이래서는 어떤 책임 비슷한 것이 나올 만한 구조가 아니다. 무슨 책임? 최선의 의사소통을 시도할 책임? 나와 교수님 사이에, 책과 학생들 사이에, 말하고 싶은 사람들, 책과 책들, 화면과 화면들 사이에? 왜 이렇게 되었는지 말해 보라 하면 다들 저마다의 그럴싸한 이유가 있을 것이다. 사장님에게는 사장님의 이유가, 편집자에게는 편집자의 이유가, 교수님에게는 교수님의 이유가, 교정공에게는 교정공의 이유가, 없을 리 없다. 어떤 분들은 한마디도 더하실 필요가 없는 분들이신지도 모르지만, 한 말씀에 필요한 값이 다른 분들이신지도 모르지만, 학문에 열심이시라 언문의 필요를 등한시하시는 분들이신지 아니면 그 반대이신지, 그런 것은 잘 모르겠지만, 어쩌면 바로 그런 필요들의 분배에 뭔가 문제가 생겼다는 것이 문제일지도 모른다. 이렇게 된 데에 누구를 탓할까? 다 나의 탓이다! 내가 그 분배들에 개입하지 않았기 때문이다! 내가 나인 한 이 오류들은 바로잡히기 어렵다. 그러면 더 나은 내가 되는 것이 답일까? 내가 더 수준 높은 교정공이 되는 것이? 아니면 교정공보다 나은 것이 되는 것이? 나 교정공의 눈에, 여기에서 분명하게 틀린 것은 우리가 우리 되기에 실패하고 있는 이 사태다. 책은 다름 아닌 우리가 만드는 것이기 때문이다. 교정공처럼 말하자면, '모양이 어색하다'. 사랑하는 교수님들, 내가 우리라고 불러도 되겠습니까? 내가 부르면 그렇게 됩니까? 내가 분배될 수만 있다면 나는 사라져도 좋다.

　　이제 내가 하고 싶은 말은 거의 다 한 것 같다. 이 이야기를 하게 되었다는 데 아직도 어안이 벙벙하다. 내가 맞게 했나? 내가 내게 주어진 지면에,

일생에 있을까 말까 한 기회에, 필요한 말을, 해야만 하는 말을 적절히 늘어놓은 게 맞나? 더 이상 말할 필요가 없을 정도로 말한 게 맞나? 내가 매일 보고 있는 어떤 원고들과도 같이, 헛되이 글자로 똥칠을 해 버린 건 아닌가? 아니, 지면이 굳이 나에게 필요한가? 아 다르고 어 다른 세상에서, 나 교정공이란 이를테면 사라지고 있음이 분명하다. 교정공이 개입할 수 있는 지면은 오늘날 점점 좁아지고 있다. 또는, 교정공이 개입할 수 없는 지면이 점점 넓어지고 있다. 아와 어의 다름도 점차 사라지는 듯, 아와 어가 다르지 않다고 우기는 사람들과 어와 어가 다르다고 우기는 사람들 사이의 다름도 사라지는 중인 것만 같다. 가끔 우리가 견딜 수 없이 산산조각이 났다는 생각이 든다. 합쳐졌던 적이라고는 처음부터 없었고 앞으로도 없을 것만 같으니 이상한 생각이다. 대체 어떻게 감히 우리를 우리라고 부를 수 있겠니? 말하는 얼굴들을 보면 그야말로 박살이 나 있다. 전에도 이랬던가? 이러지 않았던가? 우리 산산조각의 양상이 과연 바뀌는 것이라면 산산조각을 대하는 우리의 양상도 분명 바뀌는 것이겠다. 내가 지금 맞게 대하고 있나? 글자들은 자신들이 어떤 상황에 처했는지를 아는지 모르는지 박살 난 우리 사이에 쌓이고 녹고 쌓이기를 반복하며 서로 합쳐지려고 이어지려고 이를 악문다. 아무리 들여다봐도 틀림없이 그렇다.

2부   문학과 일기

독서, 모임

어쩌다 보니 그만 문예창작과를 졸업했다. 뭔가를 읽다가, 나도 뭔가를 좀 써 보고자, 약간은 자폭하는 심정으로 입학했다. 쓰려면 읽어야 했으므로, 실제로 읽건 안 읽건 학과 내에는 전체적으로 '읽어야 한다'는 분위기가 있었다. 서로가 쓴 것을 수업 때도 수업이 아닐 때도 읽었다. 옹기종기 독서 모임도 했다. 우리는 대문호들과 동기선후배의 쓴 것을 나란히 읽었다. 무엇이건 비웃고 감탄하고 감동하고 지적하고…… 냉소적으로 되었다가 열렬히 옹호하고…… 뭐 그랬다. 졸업을 하고서도 거의 10년이 더 지나, 새내기 때 같이 독서 모임을 했던 선배이자 친구가 그걸 또 해 보자고 연락을 해 왔다. 독서 모임을. 일테면 인생이…… 허하다는 거였다. 나도 그랬다.

독서회라고 해 봤자 2주에 한 번 퇴근하고 만나 저녁을 먹고 읽은 책에 대해 가벼운 감상을 나눈 뒤 다음 읽을 책을 정하는 것이 전부다. 사실 책 같은 건 아무래도 좋고 그날 먹을 메뉴나 반주로 마실 고량주 생각, 끝나고 같이 코인노래방(학생 때도 엄청나게 다녔다.)에 가는 일 따위가 더 중요하게 느껴지기도 하지만, 그래도 꾸준히 이어져 어느새 한 해 두 해 세 해째로 접어들었다. 사실 나는 이제 쓰는 인간들이라면 지긋지긋하다. 머릿속이 까매질 때까지 교정을 한 다음 또 뭔가 읽는다는 것도 현기증 나는 일이다. 그렇지만 먹었으니 싸는 것처럼 또 이런저런 감상문을 남기면서, 학생 때 그렇게도 떨쳐 내기 어려웠던 질문들을 다시 생각하지 않을 수 없다. 왜 쓰는가? 왜 읽는가? 도대체 무엇이 우리를 읽고 쓰게 하나?

민중을 위해 써야 한다는 오래된 생각은 내가 입학했을 때 이미 비웃음을 사고 있었다, 그것은 다른 단어로 대체되었다. 진실을 위해, 아름다움을 위해, 재미를 위해, 양명을 위해, 독자, 독자를 위해? 성공을 위해? 뭘 위해서건 아주 적은 수의 친구만이 복되게도(또는 불운하게도) 시인, 소설가, 작가 나부랭이가 되었다. 우리는 뭐가 됐든 안 됐든 어떻게든 살길을 찾아다녔다. 우리는 일하지 않으면 살 수 없는 사람들이고, 일하기를 멈추지 못하는 사람들이다. 일테면 이제는 노동계급이 대부분의 뭔가를 쓰고 있다고 해도 좋을 것이다. 자신의 상태로부터 벗어나기 위해서? 내가 일단 찾은 첫 번째 대답은 이렇다. 뭐가 어쨌건 민중도 너희를 들여다본다는 것이다.

아버지의 해방일지(2022)

우리의 선생이 쓰신 책이 불티나게 팔린다는데 몸담은 독서회에서 안 읽어 볼 수가 없었다. 읽기야 재밌게 읽었으나 좋지만은 않았다. 마치 서너 명의 내가 함께 읽는 듯. 견해가 다른 우리의 말을 전부 다 적을 수는 없다. 모르는 사람이면 그냥 또 되는 대로 어쨌고저쨌고 했겠으나…… 선생께서야 나를 기억하지 못하겠지만서도…… 하여튼 나로선 복잡 심란하게 읽었다. 다른 것들도 그렇듯 개개 MOONHAK 그것은 욕하려면 한도 끝도 없이 할 수 있고 칭찬하자면 한도 끝도 없이 할 수 있다. 본질상 내가 읽을 때에만 일어나 서로 치받고 받치게 되는 것이므로, 좋고 나쁘고에 내 쪽에서의 변수가 워낙 많고, 한 번 읽는 것과 두 번 읽는 것이, 세 번 읽는 것이 때마다 순간마다 다 다르면서 또 그 순서를 돌이킬 수 없다. 거기다 다른 이들의 감상들도 있고, 심지어 나로부터 감상이 나가기까지 한다면? 이 모든 일들의 반(反)정확성을 이루 말하기 어렵고, 차라리 그것이 이 일(MOONHAK)의 핵심 정체가 아닌가 싶기도 하다. 천하의 개쓰레기에 해악이고 패악물이라고 방방 뛰다가도, 돌아서면 고금의 이정표라고 띄워 주고 속으로 딸랑이를 저절로 흔들며…… 정신이 정화되고 힘이 나는 듯하다가도 이따위 것에 화가 치밀어 오르고…… 널뛰는 감상과 성급한 판단 그걸 펑크정신이든 책임감이든 열정이든 뭐든으로 그냥 써 제껴서 확정하는 것이 오늘날의 문자 생활이 겪기 마련인 모험이며 몫이라면……

　나, 독자평의회의 감상은 다음과 같다. 구성이 컴팩트해서 참 좋다. 빨치산 아버지의 장례 3일 딱! 조문객 회고! 작가의 작가 문장! 즌라도 사투리! 장례식 소설이면서 장례식 그 자체인 소설! 학부 때 우리는 장례식 소설을 정말이지 질리게 쓰고 읽었는데, 어쩐지 그걸 생각나게 하는 면도 있다. 본때를 보여 주는. 그러나 바로 그 맥락, 아버지의 장례와 함께 모든 것을(일테면 사회주의를) 끝난 일로 치워 버리려는 제스처에는 과연 불편함. 솔직히 좀 개 같다고까지 느껴지는 거도 있음. 만약에 도시로 나왔어 봐라…… 그래서 비엣남 2세가 거의 구세주처럼 등장하는 거 아닌가? 이래도 되냐? 그러면 어떤가? 문학이 모순을 다루는 데에 어느 수준까지 종속되어야 하나? 그리고 작가 개인으로서 질 수 있는 몫과 한계라는 것도 있다. 그런 것까지 내가 고려를 해? 모든 것을 모든 것에 요구할 순 없다…… 그러다가, 서너 명의 나 중 한 명은 주장한다. 이 책이 아주 이상하게도 SF로 읽히는 면이 있다는 거다. 대체 무슨 소린가? 눈을 씻고 잘 봐라, 이것은 에쎄이야…… 결국 우리는 종합적으로 거기 수긍했다. 다소 현기증 나는 독법이긴 하지만, 그래도 SF라고 생각하면 모든 것이 냇물을 들여다보듯 이해된다.

우리의 사람들(2021)

이름을 몇 번 들어 봤고 그 이름이 멋있다는 것 외엔 ㅂㅅㅁ에 대한 거의 아무런 정보도 없이 표지만 보고 골라 봤다. 단도직입적으로 말해 이 책을 읽는다는 것은 고난스러운 일이었다. 어둡고 끔찍한 이 세상 속 황금 같은 퇴근 후 취침 전 시간에, 이런 글을 아득바득 읽으며 인생의 무상을 반드시 느껴야 하는가?(인생의 무상을 이야기하는 책은 전혀 아니지만) 나의 첫째 감상은 그렇고, 독서회…… 나를 인간으로 만들어 주는…… 타인과의 모임의 힘이 아니었다면 진작 포기했을 것이다. 그렇게 생각하지 않는 이도 있겠지만, 이, 개 같은 놈의 독자 입장에서는 저자와의 사이에 라포가 있어야 한다. 그러나 나와 ㅂㅅㅁ 사이엔 아무런 라포가 없다. 외국인이 썼다면 바다를 건넌 신뢰가 있다. 이건 아니다 싶으면 번역자와 편집자를 욕하면 되는데…… 뭐 그런 생각을 하면서 앞의 두 편을 읽었다. 중반 배치 소설들(특히 「이미 죽은……」)에 분명한 좋음이 있으나 결국 대체로는 괴로움, 그, 아니올시다인 면모는 내가 특히 사랑하지 않는, 어떤 종류의 공통된 애티튜드인 것도 같다. 노인의 그것에 대해서처럼…… 흥미롭지만…… '흥미'로운……(사람들이 이렇게 멋대로 읽어 대고 이렇게 뭐라뭐라 쓰기까지 한다니 이 얼마나 두려운 일인가!)

그리고 둘째 감상은, 내가 느끼기에 이것은 문자 그대로 필부의 소설이라는 것이다.(극찬) 이것이 소설이라고 되뇌며 읽어야 좋아지는.(욕) 필부의 소설이라는 것은, 나, 정신이 병든 교정공으로선 먼저 문장에 대한 이야기인데, 이거는 좋은 문장도 아니고 미문도 아니며 두고두고 읽을 만한 문장도 아니지만 그렇다고 손댈 수도 없다는 뜻이다. 보십시오, 친구의 편지를 고쳐 줍니까? 반대로 말하면 다르게 작동하는 충실함, 이건 문장뿐만 아니라 이야기로도, 소설 아닌 채 밀려드는 세계 속에서, 모든 것을 모르겠지만, 엉망으로 지나쳐 가지만, 거짓 아닌 것이 반드시 서려 있는, 그것이 있으므로, 개가 냄새를 맡듯 그것에 이끌리는, 아무리 별거 아닌 것들, 별 볼 일 없는 모임들이라도, 우리를 하여간 인간으로(인간이 싫다면 하여튼 나은 것으로) 만들어 주는…… 그런 의미에서 아마 블로그에서 읽었더라면 훨씬 좋고, 감동까지 있었을지 모른다. 분열된 우리 필부들을 다시 잇대 보는 것으로서. 그런데 그게 아니고 다른 책들과 함께 서가에 있는 사이라면, 그렇게 생각하지 않는 이들도 있겠지만, 그때는 좀 위상이 달라지는데…… 일이 이렇게 된 것을 두고 작가를 탓할 순 없을 것이다. 내가 멋대로 이런 이야기를 해서 미안합니다. 결론: [노동계급이 도서로 읽기에는 부적합] 도장을 드림.

인간만세(2021)

독서회에서 무슨 책을 읽자고 한다는 걸 또 까먹고,
뒤늦게 뭐 읽지? 뭐 읽지? 하다가 타임라인에 간혹
보이던 이 책을, ㅎㄱㅇ에 대한 아무 사전 정보 없
이 골라잡아 버렸다. 이것은 팸플릿에 가까운 책으
로, 뭐라 욕을 좀 하고도 싶고 이런저런 얘기를 해
보고도 싶지만, 출판사명부터해서⋯⋯ 결국 지금
이런 블로그 감상문들까지도 자기-장에 포함시켜
버리며⋯⋯ 점점 자신을 확장해 나가는⋯⋯ K-문
학에서 나올 수밖에 없었던⋯⋯ 그야말로 곰팡이
처럼⋯⋯ 유독한⋯⋯ 그러나 이렇게 하면 안 된다
는 걸⋯⋯ 누군가 할 수밖에 없다면⋯⋯ 그 자신의
자임으로⋯⋯ 솔직하다면 솔직하게⋯⋯ 온몸 밀
고 나감으로써⋯⋯ 딱 그런 식으로 '유의미'하게 되

어 버리고 마는…… 22세 미만 문청용의…… 개수작…… K-소설…… 문장 만들기도 귀찮네…… 뒤에 ㄱㅂㅇ의 한술 더 뜨기는 진짜 웃김. 가장 한국적인 문학이라 생각되기 때문에 '세계구급' 문학 인증마크를 드린다. 0/10. 나의 독서회 동지는 사서 출신인데 그와는 아직 만나지 않았다.

　　……

　　독서회에서 ㅎㄱㅇ의 이 책에 대한 동지의 반응은 가히 폭발적(부정적인 뜻에서)이었다. 그는 주로 출퇴근 전철에서 책을 읽는데, 육성으로 욕이 터져 나와 곤란했다고도 밝혔다. 우리는 학부 시절 몇 동기선후배들로부터 보았던, 나 자신도 그로부터 썩 자유롭지 않은 'ㅎㄱㅇ적 애티튜드'에 대한 추억을 좀 나눴다. 읽어 주는 이들을 모욕하고 싶었고 읽는 이를 필요로 하는 나 자신을 모욕하고 싶었던, 읽어 주는 이들을 웃기고 싶었고 그런 자신에 울고 싶었던, 쓰는 일을 폐기처분하고 싶었고 내심 숭배했던, 쓰기와 연관된 모든 것들로부터 도망치고 싶었고 쓰기로부터 영 벗어나지 못했던, 장난질을 좀 치고 싶었고 그 장난질을 제고하고 싶었던, 우리를 너무 좋아하고 또 싫어했던…… (아닌데? 난 안 그랬는데? 너가 그랬지, 개가 그랬지!)

격앙된 그와 이야기를 나누며, 나도 여러 가치 있는 의견들을 개진할 수 있다. 나는 '어쩌면 이것이 바로 오늘날 한국-남자-문학의 한 결말인 것 같다'고 했으며, 그도 일정 정도 동의했다.(미안합니다) 어쨌든 내가 읽자고 한 것이었기에 책임을 지는 차원에서 다음 도서 선정에 개입하지 않았다.

모든 것은 영원했다(2020)

아직 읽은 적 없는 ㅈㅈㄷ의 책을 골라잡아 봤다. 내가 책을 읽고 개발새발 감상문 쓸 때 최대한 지키려는 원칙 중 하나는, 좌우불문 K-문학은 전부 칭찬(욕 나올 거 같으면 읽지도 말자)하고, 외계의 문학은 전부 욕한다(칭찬할 거라면 쓰지를 말자)는 것이다. 이마저 않으면 이 개 같은 놈의 조국에 대한 나의 맘이 너무 차갑기 때문…… 그런데 이 책 『모든 것은 영원했다』는 세계구급 문학에 가까워지려 들기에, 따라서 나도 이런저런 욕을 하고 싶어진다. (사실 그런 원칙 같은 건 없다.)

　　위기가 기회인 만큼 내가 혐오하는 소설의 3요소를 정리해 볼 수 있었던 기회. (1) 소설가가 등장, (2) 레퍼런스 애호, (3) 외국을 여행함. 농담이고…… 좋은 책이다. 머릿속이 점점 어두워지고 마음이 점점 꺼져 가는 전반부와, 위의 3요소를 통해 굉장한 거부감을 주는, 그러나 흥미 없이 읽기 어려운 한심한 후반부 사이의 낙차가 결국엔 목표점이 된다. 그 사이가 혁명이든 붕괴든…… 이런 것은 내 기준으로는 시집에 훨씬 가깝다. 소설이라면 그런 식으로는 안 된다. 하지만 소설이란 건 진작 끝장이 났기 때문에 괜찮다? 언데드냐 유령이냐? 5편의 장시라고 하면 모든 것이 용서되고 수수께끼도 자연히 풀린다. 면갈이라는 거 좋은 느낌이에요. 표지는 충분히 예쁘지만 약간 모자라다는 느낌도 없잖아 있습니다. 내게 서기장급 권력이 있었더라면 책 등을 빨간색으로 칠해 주었을 것이다.(무엇을 할 것인가!) 그랬으면 그것이 바로 좌파인증마크가 됐을 텐데 아쉽게……

연년세세(2020)

ㅎㅈㅇ의 소설. 처음에 두어 페이지 읽고 진짜 잘 쓴다, 아주 좋다, 와 쩐다, 이런 생각을 했고, 그리고 거들떠보기도 싫었다. 독서회를 통해 읽었던 그 어떤 책보다도, 읽어야 한다거나 고통스럽다거나 재밌다거나 고무독려받거나 절망시키거나 뭐 그런 생각 느낌이 전혀 들지 않았고, 마치 문창과 40학년이 쓴 것 같다고 느낌.(이것은 정말이지 죄송한 말씀……) 한편 백 년 후에는 확실히 읽을 만할 것이라고도 느꼈는데, 하여튼 그 사람은 내가 아님.(이것은 매우 칭찬임) 뭐냐 하면, 이 책에 나오는 사람들의 진정 지독한 말 없음(거의 작자에 의해 강제되고 있는)이 나를 좀 돌게 만들었다는 것이다…… 생각을 하고…… 그뿐…… 말 많은 이들이나 이런 사

람들의 이런 이야기를 좋아할 것이다? 그러니까 할 말을 주는 게 아니라 말 없음을 주고 있는 게 아닌가? 우리 계급이 우리 계급을 얼마나 깊은 맘으로 성실히 혐오하는지, 그리고 사랑하는지 이루 말할 수가 없다……? 제발 무슨 말이든 해 보세요와 제발 입 좀 닥치세요 사이에서…… 입꽉닫으로 치달아 버리는…… 이게 자연주의인가 뭔가 그거냐? 으깨지라면 으깨지고 뒤지라면 뒤지고? 심지어 소설에서조차 말 한마디 못하면 우리는 도대체 어쩌라고? 도대체 어쩌란 거임…… 소설 왜 씁니까? 그것이 처음부터 끝까지의 첫째 감상이다.

이야기만으로 충분? 내 생각엔 아님…… 그런 식으로 다룰 수 있는 것이 있고 아닌 것이 있는데…… 아닌 것을 그렇게 하려고…… 아닌 것을 그렇게 하려면 당연히 숨을 수 없고 나서야 한다.(르포가 아니므로) 그래서 나서지 않을 수 없어서 어디서 나서냐면, 처음과 끝에 배치된 두 성묘를 통해서인데…… 내게는 오직 그 부분만이 '참된 소설 부분'으로 느껴진다. 그런 면에서 아주 또라이 같은 하드보일더, 대단한 냉혈한, 굉장히 비정한 소설가라고도 느꼈다. 끝까지 말하지 않고 기색도 드러내지 않는, 다만 전달할 뿐인, 스스로 특정한 종류의

도관(導管)이 되어, 지독하기 짝이 없는 차도살인
(자연으로? 세계로?)을, 추모이면서 청산을…… 그
것이 둘째 감상.

엘리자베스 코스텔로(2003)

노벨문학상에 대한 나의 편견을 어느 정도 불식시
켜 준 D.L 형님의 뒤를 이어, 특급의 문사라고들
하는 J.C가 쓴 이 소설을 읽게 되었다. 읽으며, 개
인적인 골든스탠다드로 삼고 있는 D선생 생각이
좀 났다. 그에 비해 어떤 식으로 후달리는지, 낫다
면 무엇이 나은지…… 뛰어난 것은 눕고 싶게 만
들고 좋은 것은 쓰고 싶게 만든다? 이것은 눕고 싶
어지는 책이다. 책장에 꽂아 두고도 싶은…… 파릇
파릇……했던 때 부들부들…… P.S의 『동물해방』
을 읽었던 기억도 나고, 그리고 기타 여러 죽은 선
생님들…… 거장이 맞으신가 봐요? 그래서인지 뭔
지 분명 빼어나지만…… 이래선 마치 오스카를 노
리는 배우 L.D 같지 않은가? 솔직헌 심정으로다

가…… 더 심하게 말하면 문학적으로 각성한 『황금 물고기』라든가…… 이런 것은 미안한 이야기다. 아직 죽지도 않았는데 모욕적 언사를 받아야 하고…… 하지만 그게 내 잘못이냐? 다 네 탓이다![1]

　　이 책이 나온 그 연도에, 03년에 읽었다면 뭐가 사뭇 달랐을까? 분명 그랬을 것도 같다. 하지만 드는 생각으로 90년대에 나왔다면 아다리가 더 맞는다. 00년 이전이냐 이후냐가 불멸의 고전이 되느냐 아니냐의 갈림길이었는지 모른다. 03년은 지금 보기엔 '지나치게 맞는, 따라서 약간 늦은' 시기였고, 바로 그만큼 지금은 낡게 읽힌다. 그러나 그러지 않기를 바라는 쪽이, 불과 20년 전 책에 무슨 신선한 경험을 바라는 쪽이 사실 좀 이상한 거 아닌가? 소설이 언제나 어떤 면에서는 후위임을, 언제나 다시 모른 척한다면 그건 왜이고 인정한다면 어떻게일까? 정말이지 이 책을 읽고 이런 따위 얘기 밖에는 할 수 없는 걸까? 그건 다 이게 염병할…… 문학이기 때문이다. 그래서 한편으로는(이 책을 '문학으로서 신뢰'하므로) 이 책이 낡게 읽히기를 감수하는 식으로 쓰기, 그러니까 어떤 종류의 자까…… 정신에 대해 포기선언서, 아니면 혼란선언문으로도 읽히는 것이다. 사태가 그렇다면 독자인 내가 지금 보기에, '살아남은 주된 것'이 그 연설들에 있지 않다면, 연설들을 제외한 부분들 중 살아남은 구석이 있다면, 그리고 그것이 연설들을 다시 새로이 조종하고 있다면 무엇인가…… 그것은 아마도 동물이자 각주이자 서기이자 피조물이고 악마이자 2차창작인 인물 엘리자베스이고, 작가의 엘리자베스 아님이다. 그 사실은 거의 나를 창으로 찌르는 듯하고 이상한 용기도 준다.

황금 물고기(1997)

유명작가의 안 읽어 본 책을 읽어 보자 하여 읽었
다. 내용에 앞서 진짜 기본이 안 된 형편없는 개쓰
레기 교정 상태. 문자 그대로 눈을 씻으면서 봤고,
내가 틀린 건가 싶어 몇 번을 찾아봤다. 구판이라
그런가 했는데 표지갈이해서 나온 거 보니 완전 그
대로. 1차적으로는 ㅁ사의 실종된 사업윤리를 확인
가능. 2차적으로는 술술 재밌게 읽었고, 이게 바로
소설! 이고…… 3차적으로는 어느 나라 문단의 신
화인지 시발놈인지 하는 족속들(굳이 '백남' 녀석이
아니더라도)이, 그게 누구든 주인공으로 쓰고 싶으
면 맘껏 갖다 쓰며, 인세는 인세로 상은 상대로 예
술 뽕은 뽕대로 맞고 빨아 주는 멘트 받을 대로 받
으면서, 전 세계를 무대로, 여행은 여행대로 강의

는 강의대로 번역까지 족족 되는…… 이런 돌아 버린 사태와 구조 자체를 진실로 견디기 어렵다 느꼈다. 다들 그렇죠?

우리(개돼지들)는 특히 3차 부분이 도대체 어떤 뜻인지를, 그것이 작가님네들이 쓰시는 것과 어떻게 괴리되어 있는지, 또는 어떻게 연결되어 있는지, 그들이 쓰는 것이 세계에 대하여 어떤 식으로만 상관하고 있는지를 잘 생각해야 할 것이다. 꽉 막힌 사람이 아닌 바에야 받아들일 수 있을 만한 사실로, 우리가 뭔가로부터 재미를 느낀다는 것은 대체로 거기 뭔가 '악의 그림자가 서려 있다'는 뜻이다. 문제는 그러니까 그게 어떤 종류의 악인가 하는 것인데, 이 책을 이끌어 가고 있는 것은…… 얘기하기도 귀찮다.(내가 비평가도 아니고……)

먼 별(1996)

강력한 지지를 받는 작가일수록 짜게 읽는 심보가 있지만, 그럼에도, 이거는 하, 뭐랄까…… 읽었다. 내 기준으로 뛰어난 문학은 뭔가를 자극해서 나도 덩달아 쓰고 싶게 만들거나 쭈그러져서 아무것도 쓸 수 없게 만들거나 둘 중 하나다. 둘 모두를 이루는 것은 대단히 흔치 않은 위업이다. 어떻게 가능한 건지도 잘 모르겠다. 전에 『아메리카의 나치문학』을 읽은 후로 R.B를 일부러 피한 것도 좀 있다. 이거 좀 지나치게 천상계 아닌가…… 아껴서 읽어야 하지 않나? 위기의 순간에? 그러다 읽어 본(말할 것도 없이 지금은 위기의 순간이다.) 먼 별은 참 현대적인 소설이었고……. 내가 제일 먼저 하고 싶은 말은, 이런 식으로 말하고 싶진 않지만, W.G.S

보다 낫다는 것이다. 비교가 되는 걸 어쩌나? 비교
는 문학의 가장 어둡고 고약한 차원이며 도저히 어
떻게 할 수 없는 것이다. 그게 내 잘못입니까? 그
럴 수도 있다. 하여간 나로서는 D선생의 기운도 느
꼈다.(극찬) 캐릭터 중시, 암시적인 분위기, 파국 집
착, 정치 상황과의 상호작용, '존나 재밌으려고 함',
'그러나 재밌지만은 않음' 등, 종합적으로 말해 '장
르적'으로 느껴진다는 면에서 그런 기운이 있다. D
선생에서 사변을 쭉 짜내고 메타 어쩌고를 콱 그냥
끼웠으면 이렇게 될 듯도 하다. 뭔가로 모종의 빈
공간을 만들어 두고 있어서인지도 모른다. 판단의
진공? 아마추어들의 성인 같은, 또는 고집스러운
예언자스러운 면도 있다. 그리고 동시에⋯⋯ 뭔가
가 그의 그런 면을 막고 있다. 어쩌면 시대가? 악마
가. 아무렇게나 말해 보는 거죠⋯⋯.

　　그는 마치 이렇게 말하는 듯하다. 너네는 행
여나 이렇게 할 생각은 말아라. 이런 것은 부디 아
무도 따라 하지 않으면 좋겠다는 것은 내 생각.
선생님으로 모셔도 되겠습니까? 빛나는 반면교사
로⋯⋯. 아마 비더야말로 그가 진정으로 얘기하고
싶은 얼터에고(대단히 우스운 단어)일 것이다. 살인
애호가 이토록 만연한 시대에는 내어놓고 읽기에

의심스러운 점도 있다. 아마도 네거티브 D선생. 우좌를 비튼 다음 물구나무…… 우좌를 비튼 다음 물구나무……

토성의 고리(1995)

읽으면 읽을수록 나를 점점, 천천히, 아주 서서히 화나게 만들었다. 알코올램프의 흐미한 불로 가열 중인 냄비 속의 개구리가 된 듯…… 네놈이었구나…… 범인은 네놈이었어!!1 가능만 하다면(영면했기에 가능하지 않다.) 작가의 쪼인트를 걷어차 주고 싶었다. 너는 발발트야 개발트야 너는 걷어차면 차이는 놈이야! 이미 죽어서 그렇지만. 이 녀석 좋다는 녀석들에 대한 선입견이 생길지도 모르겠다, 그러나 그런 생각까진 누르면서 읽었다. 좋다고? 안 된다…… 첫째, 나는 세계에 대한 연민 환멸 허망 등등에 휩싸인 녀석들이, '쓰기'가 자신의 유일한 무엇이나 되는 것처럼 하고 다니는 것에 대해 항상 반발심이 있다. 특히 '다니는' 것을…… 그것은 물론 나도 그러고 싶기 때문이다. 둘째, 그 녀석들이 그렇게 하고 '다니는 바로 그 일'을 뭐 대단한 일이라도 된다는 듯이, 자세는 각기 다르나 실상은 한 가지로 신나게 빌빌 써 재껴 이거 보십셔 하고 들고 오는 것에 또한 반감을 느낀다…… 왜냐하면…… 너희는…… 즉…… 너희는 상습범들이기 때문이다. 너희를 그냥 두면 그렇게 되고 마는 것이다…… 나도 물론 악습을 사랑한다…… 하지만 상습범들이 깊어 가는 애수 가운데 서로를 마음으로 점점 더 사랑해 가는…… 특히 과거를, 과거를 퍼올려 가며…… 서로를 '만져 주는'…… 그러는 꼬락서니는 정말이지 꼴불견이다. 나는 당연히 꼴불견도 좋아한다. 그리고 나는 정말 그런 꼴들을 보면, 모아 놓고서 군사훈련을, 뭐 육체노동이라도 시켜 주고 싶다. 곤란하다면 해변가에 풀어놓고 모래성이라도 쌓으며 놀아라 하고 싶은 것이다. 하다 못해 캐치볼이라도. 혼자라 못하겠으면 내가 받아 주고 싶다. 그다음에 아주 얼굴을 향해 던져 주고 싶다. 얼굴을 향해 던져야 제대로 주고받을 수 있기 때문이다…… 그것이 너희가 진실로 하고 싶은 일이지…… 너희한테는 이거야, 이게 어울려…… 무슨 뜻인지 알겠니? 왜냐하면 둘째, 아 둘째는 했고, 셋째, 이런 소설은 쓰지 않는 편이 낫기 때문이다. 정확히는, 소설을 이렇게 쓰지 않는 편이. 그것은 내가 삶아지는 개구리처럼 끝까지 읽어야 하기 때문이다. 그걸 안다면 이렇게 쓰면 안 된다. 나의 정신을 문자 그대로 폐허화해 버리는…… 그 점을 생각한다면 이럴 순 없다. 생각할 수 없어서, 싫어서 그랬던 것이겠지만. 욕 좀 먹어야 돼…… '토성의 고리'라고? 너는 진짜…… 너어는 정말……

다섯째 아이(1988)

독서회 동지는 노벨상을 받은 D.L의 책을 읽자고 했다. 또벨상……? 아니 아무리 그래도 이렇게 안전빵으로만 가려고 하는 건 좀 문제 아닌가? 그러나 나는 잠자코 있었다.(『인간만세』 편에서 이어집니다.) 이 책을 읽는 게 별로 내키지 않아서 그런가 의심스러웠을 정도로, 전반부는 정말 너무나 고전적으로 느껴지고 끔찍이 재미가 없었다. 이거 진짜냐? 포기하고 지금이라도 다른 거 읽자 할까도 싶었다. 그러나 드디어(드디어!) 다섯째 아이의 존재감이 드러나는 중반부에 들어서면서부터는, 여읔시 노오벨 크라스가 나오면서 아주 그냥 존잼의 영역으로…… 나는 이제 D.L 형님을 그저 형님으로 모실 수밖에 없다. 형님……! 형님이라고 불러도 되겠습니까? 형님!!!1

　　내가 아주 이 소설을 폭력적으로다가 틀거리에 때려 박는 걸 용서해야 한다. 아무리 뭐에다 때려 박으려 해도 못하기에 가치가 있는 것이 있는가 하면, 제대로 때려 박아 놓고 나서야 뭐가 더 붙으면서 빛나는 것들도 있다. 이 소설은 누가 읽기에도 기본적으로는 페미니즘 소설인데, 성과 생산과 재생산…… 돌봄……에 대한 부분은 오늘날 읽기 크게 아리송한 부분이 없을 것 같으므로, 그와 더불어 이 책이 다루고 있는 특정한 종류의 폭력에 대한 부분, 다소 나를(그리고 인물들을) 당황시키고 긴장감 가운데로 몰아넣었던, 다섯째 아이 얘기를 해 본다.

　　다섯째 아이는 도저히 막을 수 없는 것이다. 이해를 통해서만 세계를 소화해 낼 수 있는 이들에게(또는 인간의 이해 위에 세계를 축조하려는 이들에게) 다섯째 아이는 그야말로 불가해이고, 그러나 있게 된 것이고, 치워 버리고 싶은 것이다. 그것은 존재라는 폭력이며, 그것은 불굴이다. 그것은 자신의 존재를 설명할 필요를 느끼지 않는다. 힘이 있으나 자신의 힘을 이해하지 못하고, 그럴 이유도 없으며, (유산계급에게는) 당연히 사라져야 할 것이고, 누구에게든 끝내 이해될 수 없는 것이다. 그것은 '하여튼 온 것'인데, 어디 바깥에서가 아니라, 분명히 '내가 생산해 낸' 것이다. 그것을 도저히 좋아할 수가 없다. 그런데 좋아할 수 없기 때문에 그것을 버렸다가도, 여전히 그것을 전혀 좋아할 수 없는데도, 그것을 다시 구해 오게 된다. 그것을 사랑할 수 없지만, 또 그것은 사랑하지 않지만, 그것은 자신을 통해 세계가 실로 무엇인지를 밝히기 때문이다. 그것은 허구적이다. 그것은 악마 또는 호빗인가? 다섯째 아이 그 자신과 그의 등장 그 자체를 포함하여, 소설 내에서는 결코 설명되거나 납득되지 않는 순간들(거의 '장르적'으로 느껴지는)이 있다. 그것은 이 소설의 약점인가? 사실 그것이 이 소설이 전반부를 희생시켜서라도 얻어 내려는 주장이고, 현대성이다. 기억해 내기 위해 태어났으나 애써 기억을 잃은 장르가 대면해야만 하는 현대성이다. 그것은 진실에 대한 피할 수 없는 대면과 관련이 있다. 그것은 있던 것이고 있어야 했던 것이고 막을 수 없는 것이다…… 우리가 그걸 이해하건 말건…… 즉 다섯째 아이는 떠오르는 (당대의) 노동계급을 뜻한다. 책의 결말을 지나, 다섯째 아이가 그래서 어떻게 되겠는가? 이 책의 결말은 그런 식의 결말이다.

저 아이가 강간할 것인가? 저 아이가 강간할 것인가? 해리엇이 이렇게 스스로에게 묻는 것이 참 의미심장하고 슬프다. 내가 보기에는 어땠냐면, 다섯째 아이는 분명히 정치를 할 것입니다…… 만약 하지 못한다면? 죽을 것이다!

리 오빠(1927~1949)

러시아의 후(後) 은세기 작가의 작품집. 1920년대
부터 40년대까지의 엽·단편소설(그리고 잡문들) 20
여 편을 시간 순으로 엮었다. 시기가 시기이니만큼
혁명 초의 '시편'들이 2차 대전 전후 SR 프로파간
다로 변화하는 모습을 단권으로 감상 가능. 분명히
시대를 건너는 특급의 문사(그리고 온통 '나'뿐인)였
던 초반부에서, 시원 산뜻한(?) 중후반부의 선전 우
화('너'뿐인)로 가는 대조가 놀랍다. 때문에 제일 먼
저는 총체적인 원통함을 감출 수가 없는 슬픔의 메
타 서사로 읽혔는데, Y.O 본인의 기예 변화와 어우
러져 숙청과 전쟁으로 가는 길의 긴장감이 대단하
고, 전후의 헤아리기 어려운 절망감과 경이감(우린
또 망했어! 두 번 세 번 네 번……) 또한 그렇다. 현대

의 '대중' 문학 작법이, 내세우는 생각이 어떻든 결국엔 그 독법상 '당의 지도가 필요 없을 정도로 충실한' 우익 프로파간다의 그것이라는 점에서, 작가의 후기작들은 대단히 '현대적'으로 읽혔고 기묘한 기분에 휩싸임. 아아, 예술이란 게 다 무엇이던가……! 그 외엔 약간의 오탈자가 눈에 띄었고, 큰따옴표의 모양이 곤란. 편집자의 말은 좀 부족한 느낌.(미안합니다) 그래도 참으로 가치 있는(='즐길' 만한 것이 아닌) 책……

드리나 강의 다리(1945)

연체 없이 읽으려고 막판에 달렸는데 20분을 넘겨 실패했다. 20분만 더 빨리 읽었어도 연체하지 않았을 것이다. 교정이나 윤문이 내가 보기에 꽤 안 좋은 수준으로 부적절해서(특히 후반부로 갈수록) 신경 쓰였지만, 그러나 새삼 든 생각은 '대작은 문장을 가리지 않는다'는 것이었다. 대작이란 무엇인가? 그것은 바로 긴 것을 말하는 것이다. 많은 분량은 사소한 것을 더 사소하게 만든다. 만약 짧다면 문장은 거의 모든 것이다. 다섯 개의 문장 가운데서 틀려 버렸다면 이빨이 으스러지도록 악물어야 한다. 자신이 가리키려는 것을 찾기 위해…… 하지만 길다면…… 한두 개의 틀린 문장을 백 개의 맞는 문장이 도울 수 있다. 아무래도 좋은 것이다. 이것은 잘 생각해 볼 일이다.

어쨌건 ㅁ사 정도 되는 데서 이 무슨…… 반성 필요.

　내용은 재밌으면서도 지루했다. 보스니아와 세르비아 사이에 흐르는 큰 강에 세워진 다리를 놓고 벌어지는 몇 백 년 일을 다루는 것인데, 그 지역 역사가 좀 복잡…… 이 정도 소개만으로도 대충 어떤 소설인지 대충 그려지는 그대로의 바로 그런 소설이다. 대단히 고풍스럽다. 매우 지루한 도입부를 좀 참고 지나 드디어 다리를 짓기 시작하면서부터 (대략 16세기)는 아주 재밌다. 그러다 현대가 될수록…… 뭔지 알죠? 여기서 또 알 수 있는 것은 멀수록 좋다는 것이다. 멀수록, 나와 상관이 없을수록 어떤 씨발것이든 용서할 수(=즐길 수) 있다. 이 또한 생각해 볼 일이다. 종합적으로 말해 길고 멀고…… 이런 가운데서 뭘까요? 정신을 아득하게 만들어 버리는, 물질세계의 보수적 속성에 대해 생각하게 만드는 소설. 좀 싫다 그죠……

　책은 하나의 다리이고, 그 위로 사람들과 불과 군대와 폭탄이 지나가고, 그것은 지켜보고 있다, 건축이 그런 것처럼…… 그런데 '말뚝형'의 묘사가 아마 모두의 심금을 울릴 것이다. 책이 다리라면 그 한가운데 세워지는 사형 말뚝이란 무엇인가? 또한 그것을 애써 내리러 모여든다는 것은?

일리아스 또는 힘의 시(1941)

아름다운 책이다. 1부 일힘시, 2부 맑독존이다. 일힘시는 참으로, 참으로 아름다운 이야기다. 고3 때 수능 본 다음에 학교에서 '트로이' 틀어 줘서 봤던 기억도 났다. 배우 B.P의 엉덩이로 유명했던 그 영화…… 나는 너무 아름다운 것과 마주치면 슬금슬금 피하고 싶어지는 습속이 있는데 거의 그런 맘이 좀 들었다. 일테면 뭐 엉덩이 생각 같은 걸로…… (미안합니다) 일힘시는 아마도 필독의 전당에 들어가야 할 것이다. 자, 너희들 이것을 읽을 수 있겠니? 그러면 이것을 꼭 읽어라…… 꼭……. 하고 싶은 그런. 어떻게 그런 글이 가능한가, 내 생각에는, 쓰려는 이에게 꼭 해야 할 이야기가 있을 때에, 전도자의 마음으로, 그리고 그가 자신을 넘어 인도되었을 때에 가능하다. 그런 글은 거의 우리를 전향시켜 버릴 것만 같은 그런 글이다. 그런데? 뒤에다가 맑독존을 붙여 놓으니 분위기가 묘해진다. 그쪽은 어떤가? 내 또래 때 쓴 것 같은데, 그가 어떤 뭣들을 보고 어떤 세상에서 어떤 맘으로 이런 글을 썼을지 감히 손에 잡힐 듯 눈에 선하고 참 피눈물이 흐른다. 그리고 오늘날을 생각하면…… 베유 당신은 맞은 것이고 또 틀린 것이다…….

이러고 보면, 시란 그 어떤 시라도 밋밋 싱거우며 상냥하기 짝이 없지 않은가? 현실의 뽕맛 앞에서는…… 너무한…… 너무한 현실 앞에서는: '그냥 계속 시나 쓰고 싶어요'다. 하지만 독트린이 존재하는지 안 하는지를 얘기해야 한다니? 정신이 찢어져 버리는 걸 막기 위해, 이 책을 시의 독자라는 것에 대한 2부 구성의 소설이라고 생각해 보자…….

2019년 12월 1일

텍스트 아케이드. 갈까? 생각만 하고 에이 가지 말자, 했는데 누가 가자고 선동을 해서 결국 가 봤다. 항상 선동질이 중요하다. 일전에 레인보우큐브 전시도 그랬지만, 이런 종류의 패기는 나 같은 쭈그렁이에게는 먼저 대단하게 느껴진다. 도대체 이런 일들이 다 어떤 힘으로 전진하는 것일까, 대체 어떤 힘으로…… 전진을…… 전진을 하는 것일까? 어떻게 해야 전진을 하는 것일까?

문예창작과 졸업자로서, 소위 문단 문제에 대한 복잡한 생각을 조금 더 정리할 수 있는 기회이기도 했다. 이렇게 적기도 새삼스럽지만, 지금이 한국 문학사의 어떤 전환기라는 것은 그 근처에 있는 사람이면 누구나 몇 년간 느껴 왔을 것이다. 이

전까지의 문단을 여러 미완 혁명의 흔적들(실패담)이 적층된 공동체이자 대학-출판 자본의 기생체, 그리고 국민 교육-이데올로기를 재생산하는 문화 블록의 삼중 복합체, 썩어 가는 것이었다고 하면, 문단 내 성폭력 해시태그 운동을 통해 비로소 폭로된 구조가 있다. 문학 관련 학과에 의한 공급의 초과를 어찌하지 못하는 상황에서 습작생 대상 장사라는 허튼 산업이 만들어졌다는 문제, 실제의 운동과 유리된 채 도덕적 타락으로 예술적 갱신을 대신해 버린 문학, 거기서 이어진 언어도단의 권력 양태, 이제는 이 시대의 몫인 미완의 혁명, 이전까지의 것과 구분되어 새로운 종류의 좋음을 소환해 보려는, 그러나 시장적인 것과는 구분되어야 하는, 반응하는 독자를 소환해 보려는……

　래퍼면 랩으로 말해? 지면으로 말해야 되는데 지면 없어? 지면 만들어…… 혼자 힘들면 같이 해…… 같이 하면 된다? 이미 그렇게 하고 있는 것 같지만, 서로를 알아본다는 일에 가장 큰 의미가 있으리라는 생각. 이것이 어떤 흐름이고, 어떤 운동임을 실제로 보게 되는 일에. (그리고 이것은 분명히 문단 그 자신의 운동이기도 하다는 점.) 아직은 소비와 생산의 중간 어디쯤에 있고, 앞으로 나오게 되는 여러 질문들이 있다. 목표는 임계점을 넘는 것? 아니면 버티기? 아니면 엑시트(?)? 무엇이 더 나은 것이며 어떻게 더 나을 것인가?(아니면 더 나은 뭔가라는 생각과의 싸움?) 풀(pool)로서의 언더 되기? 그리고 이게 다 무슨 일들일까…… 이게 다 무슨? 그게 누구든 이전과는 다른 질문들 앞에 서야만 하고 답을 내놓게 되는 시간.

　힘이란 어쩌면 약속과 지향을 공유하는, 요즘 같은 시기엔 '서로를 용납할 수 있는'이라고나 할, 네트워크 자체일 것이다. 그런 의미에서는 일종의 데모처럼도 보였다. 떠오르는 양식인 페어, 교환처라는 이상을 복원하려는 장터. 현 상태에 대해 스스로를 새로이 드러내려는 모든 집합적인 것들은 (좋거나 안 좋은) 데모처럼 보인다.

미쳐 가는 교정공

교정공 임금상승 투쟁을 가열하게 전개해서 AI 교정 기술 발전에 피할 수 없는 압력을 가한 다음 역사적으로 퇴출당하고 싶다. 나는 지금 미쳐 가는 교정공이다. 얼마를 받는지 따위는 전혀 문제가 아니다. 우리가 새로운 집단적 의사결정 방식을 고안해 내지 못하는 한, 자본이 주도하는 의사결정 방식을 내파하거나 전화하지 못하는 한, 우리에게 미래는 없다는 생각에 사로잡힌 교정공이다. 약한 편에 선다, 배제와 소외를 가만두지 않는다, 혼자 가지 않는다, 몫을 치르게 한다, 죽이는 것보다 더 나은 방법을 찾는다, 죽은 다음까지도 기다린다, 악한 이는 선을 행하기를 두려워 말고, 선한 이는 악을 이해할 것…… 이런 생각들은 내 것이 아니고 누구의 것도 아니다.

오늘일기 챌린지

2021년 4월 30일

일기가 그렇게 좋으면 일기랑 살아라……

──챌린지 참여글 발행 시 필수태그 2개를 정확하게 입력 후 전체공개로 발행해주셔야 정상적으로 응모(제출)됩니다.

──챌린지 기간 동안 참여한 일자별로 참여 횟수가 집계됩니다. (ex. 하루 동안 한 번에 14번 참여 시 1일 참여로 집계)

──매일매일 꾸준히 기록하는 챌린지 취지에 맞춰 예약글로 참여 시 모두 취소 처리될 수 있습니다.

──챌린지 #오늘일기 주제와 무관하거나 부적절한

방법을 통한 이벤트 참여는 모두 취소 처리될 수 있습니다.

— 챌린지 기간 동안 작성한 글을 삭제하거나 비공개로 변경할 경우 혜택 대상 글에서 제외됩니다.

네이버 블로그 녀석들이 자꾸 무슨 영상을 찍어 올리라느니 사진을 찍어 올리라느니 아주 위험천만한 자기판매를 포맷까지 딱 만들고 돈까지 쥐여 주겠다며 자꾸 시키는데, 진짜 토가 나온다. 누군지도 모를 사람들한테 여러분들 이거 보셔요 저가 일기를 썼ㅡㅂ니다 저의 오늘 하루는 이랬고 저랬고 저는 이런저런 생각을 햇ㅅㅂ니다 보여 주는 거? 말할 것도 없이 재밌는 일이다. 쓰기뿐 아니라 읽기도 재밌다. 비슷한 얘길 전에 했지만, 세상의 재밌다 하는 일들이란 다 위험한(악의 그림자가 서려 있는) 짓이고 그만큼 조심해야 할 일이다. 읽는 이에게나 쓰는 이에게나 그렇다. 나는 그 일에 요구되는 종류의 조심스러움이 오늘날의 우리에게 어쩔 수 없이 중요한 미덕이라고도 생각한다. 그게 무슨 미덕이냐? 그것은 '사람을 존중하기'의 지하에 있는 미덕이다. 어디서 누가 제대로 가르쳐 준 적 없는 미덕, 몸통 박치기로 익히는 수밖에 없는 미덕, 도저히 간단치가 않은, 그러나 반드시 필요한, 특히 읽고 쓰기를 이제 필연으로 맞이한 우리에게…… 그 미덕은 '사람을 사용하기'와 관련 있는 미덕이다. 자신을, 또는 타인을. 그런 면에서 내 생각에, 공개된 일기는 현시대의 최고로 문제적인/지배적인 문학이며, 병성과 치유가 함께 고이는 곳이고, 해석되길 기다리고 있고, 변화되길 기다리고 있고, 어쩌고저쩌고…… 이는 우리가 전자레인지나 정치의 사용법을, 차 타지 않고 차도로 들어가는 여러 방법을 익혀야 하는(익히게 되는) 것과도 같다. 우리가 실로 서로의 길고 짧은 일기와 함께 살고 있기 때문에, 하여튼 많이들 조심스럽게 읽고 써 보셨으면 좋겠다는 것이 내 생각이며, 이는 네이버 블로그 팀의 토 나오는 기획과도 어느 정도 일치하는 바다. 같이 갈 수 있는 데까진 같이 가고, 챙길 수 있는 오까네는 일단 챙기는 것이 나의 개인적인 수칙이다. 2주간 매일 일기를 쓴다는 것은 쉽진 않지만 해 볼 만한 일이다. 블로그 에디터에도 카페처럼 투표 템플릿이 도입되면 좋겠다. 챌린지로 받을 만육천원 상당의 포인트를 어디에 쓸 것인지 정할 수도 있을 테고……

⑴ 사회운동 기부

143

(2) 취미생활에 사용

(3) 생활비로 사용

(4) 기타……(댓글로)

……그리고 언젠가 우리는 나머지를 청구할 것이다. 그것이 이 개짓거리를 함께하며 내가 여러분과 하고 싶은 약속이다. 우리의 경험은 만육천원은 물론이요 천만금으로도 구매할 수 없으며, 네이버는 언젠가 상상도 못한 방식으로 제값을 치러야 할 것임을……

5월 1일, 노동절

모처럼의 주말 노동절이다. 노동절 집회에 처음 가봤던 것이 06년에 동아리를 통해서였다. 집회라는 것 자체가 그때 처음. 혜화였고, 뽕이라도 맞은 듯 개심에 가까운 경험. 07년과 08년에도 갔다. 09년엔 군대. 10년에는 말년휴가를 나와 두리반51+. 내 기억이 맞다면 11년에 비가 왔다. 12년 즐거웠던 총파업. 혼자서 손자보를 만들고 어쩌고…… 다녀와선 어떤 교수 녀석이 강의 빼먹고 집회 간 학생들을 가리켜 뭐라 했다는 말을 듣고 화가 남. 졸업 전까지 노동절 소설을 몇 번 써 보려다 꾸준히 실패. 13년 죽고 싶은 무직자로 참가. 14년 이후로는 계속, 노동절에 쉬는 회사를 다니지 못했다. 기분 탓인지도 모르겠지만 언젠가부터 매해 이즈음 비가 오는 것 같다. 나는 여전히 조합원의 꿈을 이루지 않고 있다. 극우 집회와 계속 이어진 역병으로 이제는 집회라는 일 자체의 위상이 바닥, 안 그래도 끝없이 이어진 하락세, 진단과 비판일 뿐인 진단과 비판들, 정치적으로 딱히 이뤄진 것도 없이 반동만 눈앞, 위기는 점점 더 큰 위기, 전망이라고는 실감을 더해 가는 어두운 미래, 동아리는 남아 있는지 어쩐지도 모른다. 최고의 낙심은 도저히 믿을 수 없는 옆 사람. 함께 노동절 집회에 갔던 친구들 중 세 명은 이제 세상에 없고, 오늘의 나는 자고 일어나 다시 자며 한바탕 뒤숭숭한 꿈을 꿨을 뿐이다. 도대체 무슨 일기를 쓰고 챌린지를 한다는 건가? 더 낫게 할 수 있었을 텐데, 그때에 더 낫게 할수도…… 이렇게 돌아보지 않는다면 후회조차 하지 않을 것이다. 우리의 원한에 한량이 없어도 나에게는 한계가 있다. 한탄하고 싶은 만큼 맘껏 한탄한 뒤에, 22년에는 꼭 다시 봅시다……

5월 2일, vs 네이버

어제는 정말 이루 말할 수 없게 기분 나쁜 역대급 메이데이였다. 특히 #오늘일기 대열풍은 정말…… 이런 것은 당연히 하지 않는 편이 나은 일이다. 그러나, 하지 않겠다면 또 모르겠으나, 일단 시작한 이상 우리는 반드시, 그것도 최대한 많이, 기필코 성공해야 한다. '최대한 많이'는 무슨 뜻인가? 만약 100만 명이 성공한다면 네이버 녀석들은 우리에게 160억 상당의 포인트를 내놓아야 한다. 1000만 명이라면 1600억인데, 이 금액은 검색으로 나오는 네이버 2020년 순이익의 1할 정도다. 이 정도면 도전해 볼 만한 규모다. 그렇지 않은가? 시작했다면 반드시 끝까지 가야 하고, 그 절차에 실수가 있어서도 안 된다. 이것이 우리가 이 챌린지에서 첫 번째로 염두에 둘 사안이다. (약간의 팁: 그날의 일보단 전날의 일을 쓰는 편이 좋을 것이다.)

　나는 받게 될 포인트의 용처를 오늘 정했다. 만오천 원은 당에, 천 원은 미니사구 생활에 보탠다. 만약 위에서처럼 1000만 명이 이와 같이 결정한다면 네이버라는 배분 도구를 통해 우리 당에 1500억 상당의 자원을 분배할 수 있게 되는 셈이다. 굳이 우리 당이 아니어도 좋다. 뭔 그냥 허섭쓰레기 같은 용처들 말고…… 좋은 쓸 곳이 많다. 우리는 만사가 불가능하다고 언제나 스스로를 세뇌시키지만, 한편 세상이 이토록 허술하고 가능하게 되어 있다니 어떤가? 다시 말해 우리는 매일, 온갖 복잡한 핑계를 대면서 세계를 바꿔 볼 만한 기회란 기회는 모조리 날려 버리고 있다. 어떤 식으로 날려 버리는가 하면, 정말이지 그냥 되는 대로, 별 아무 득도 아닌 관성에 몸을 맡긴 채, 오로지 일개인으로 머물기에 안간힘을 씀으로써 만사의 포기에 성공하고 있다. 오오 물론입니다…… 이런 건 정말 불쾌한 이야기다.(나는 2주 내내 읽기 불쾌하면서도 읽을 만한 일기 쓰기에 도전할 것이다?) 예전에 '학습세미나'를 할 때면 꼭 이런 질문이 있었다. 그래서 대체 어떻게 하라는 건가요…… ……해 봤댔자…… 일단 우리에게 온갖 도구들이 쥐여져 있다는 사실을 인정하는 것이 우리가 할 일이며, 이것이 우리가 이 챌린지에서 두 번째로 염두에 둘 사안이다.

테크기업들은 종종 이런 짓을 한다. 그들의 기생적 수익 거의 대부분이 우리의 비노동시간을 노동화하는 데서 나오기 때문이다.(이 말을 꼭 기억해 주십시오) 어떤가? 이 챌린지는 그야말로 네이버가 우리에게 권하는 집단노동이다. 우리가 성공하기만 한다면 그 대가를 주겠지만, 당연히 그로써 기대해 볼 만한, 그보다 더 큰 이익이 있기 때문에 하는 일이겠다.(바꿔 말해 성공하지 못하면 그냥 그만큼 공짜노동을 해 준 셈이며, 안 그래도 그간 우리가 공짜노동을 해 주고 있었음을 네이버 자신이 새삼 고백한 셈이다.) 이미 많은 이들이 관 뚜껑 열고 돌아와 일기를 쓰기 시작했다. 과연 이게 노동이라면, 우리가 노동자로서 이 일기를 쓰는 데에 몇 분을 사용해야 현재 최저시급(시간당 약 팔천 원)에 맞게 노동한 것인지 먼저 계산하지 않을 수 없겠다. 최저시급이 너무 낮다는 사실을 차치하면, 열네 편을 두 시간 동안 써야 맞는다는 것으로, 편당 약 8분이다. 환멸감을 이겨내고, 고개를 들어 우리 계급의 눈을 빛낼 때가 아닌가? 똥통에서 구르더라도 개돼지로서의 긍지를 가져야 되지 않겠는가? 이는 즉 우리가 우리의 생산물을 조금이나마 가치 있게 만들기 위해 8분 이상을 쓰는 한이 있더라도, 우리가 읽고 8분 이상을 생각할 만한, 가치가 있는 것을 써야 한다는 뜻이다. 어떻게? 이것이 우리가 이 챌린지에서 마지막으로 염두에 둘 사안이다……

5월 3일, 노동자평일회

노동 운운은 지겹다. 다 내 얘기니까. 내 얘기라면 지겹다. 노동자의 평일에 무슨 일기로 쓸 만할 일이 있겠나…… 일한 얘기를 쓴다고 해 봤댔자 교수욕 원청 욕뿐이다.(개새끼들) 월급날까지 앞으로 일주일이 남았고 생활비 통장엔 92,222원이 남았다. 이 정도면 요번 달의 소비는 나쁘지 않았다, 라고 이렇게 일주일 전에 생각하며 이틀간 어디 쓴지도 모르게 다 써 버린 뒤 닷새간 졸라매는 것이 항상 패턴이다. 월급을 받는다고 해서 딱히 기쁠 것도, 갖고 싶어 죽겠는 것도 없다. 운이 좋다면 반은 저금하고 반은 쓸 수 있다, 운이 좋다면 깨어 있는 시간 중 반은 일하고 반은 쉬면서. 운이 좋다면 이 패턴을 40년간 이어 나가는 것이 인생의 큰 얼개인데, 이런 걸 받아들인다는 자체가 미성년 시기엔 정말 언어도단으로 느껴졌다. 하지만 그러지 않겠다면 대체 뭘 어쩌겠는가? (나는 도박마도 무법자도 아니다.) 오늘날과 같이 노동 시간과 비노동 시간의 적정비가 맞지 않는 과잉 노동 시기, 학비 대 급여의 비율이 전혀 맞춰지지 않는 시기, 시간당 수익의 격차를 사회적 행위의 유일 인자로 삼으려는 시기, 노동을 통해서만 존재할 수 있는 것들이 노동을 도리어 가려 버리려는 시기, 노동의 내용과 형식이 모두 고통스러운 시기, 노동의 존재가 문자 그대로 총체적으로 부정되려는 시기, 노동의 해방이 아니라 노동으로부터의 해방만이 인생의 목표가 되는 시기에는, 노동자 계급 자신이 자신의 노동자 계급됨(그것은 '실패'라고 하는 문화의 세뇌 속에서도)을 인준한다는 자체가 큰 결단이다. 우리 계급은 계급으로서만 존재할 수 있고 계급으로서만 존재하고 있는데, 세계로부터는 개인이 되라는 외침, 오로지 너 자신이 되라는 외침뿐이다. 답답한 얘기는 그만할까…… 내 생각에, 우리에게 개인이 되라는 모든 외침들에는 현 상태의 중단에 나서라는 것 외에 달리 아무 뜻도 없다. 그런 식으로 받아들일 수밖에 없는 것은, 이런 세계에서 우리 계급은 절대로 개인이 될 수 없기 때문, 아무것도 책임질 수 없기 때문, 외면해야만 할 타인들이 여기와 거기에 있기 때문이다. 이렇게 살기 싫지만 그렇다고 어떻게 살아야 할지도 알 수 없는…… 어떻게 살 것인가에 대한 답은 이런 식으로만 나올 수 있다. 그것의 용서될 수 없는 현 상태를 중단시킬 방법을 구하는 식으로만. 단, 온갖 형식들의 자살을 제외

하고. 이 정도면 중증인가? 세계가 우리의 중증이
다……!

5월 4일, 전역기념일

4일 자정, 네이버의 #오늘일기 이벤트 일방 중단
심야 공지:

> #오늘일기 챌린지 조기 종료를 안내드립니다.
> 안녕하세요. 블로그팀입니다. 지난 5월 1일부터 시
> 작한 #오늘일기 챌린지에 너무나도 뜨거운 성원 보
> 내주신……

이용자와의 신의를 개차반으로 아는 블랙기업
네이버
　용서되기 어려운 대국민 사기극
　말이 안 되는 기만적 사업작태
　본때를 보여줘야
　간도 쓸개도 다 빼 주는데 돌아온 것은?
　개돼지가 우습게 보입니까? ?!1 사업이 장난
입니까?
　모든 책임은 사측에 있다 당연한 얘기 나몰라라

그 전이라면 모를까 포스트 탄핵 시대엔 안 된다
우리의 책임은
배째라 방만 경영에 철퇴
모든 방안 강구 개발살
\최대\네이버 국유화 / <<몰수>> 까지 고려해야
긴급 CYBER 횃불 시위
장소: 블로그팀 공식 블로그 최근글 댓글창 및
안부게시판
시한: 네이버가 두 손 두 발 들 때까지……

4일 아침 블로그팀 공지:

#오늘일기 챌린지에 참여하신 모든 분들께 사과의
말씀드립니다.
안녕하세요. 블로그팀입니다. 어제 급작스러운 이
벤트 종료 공지로 당황하셨을 블로거분들께 다시
한번 사……

5월 5일, 어린이날

주말에 그랬듯이 이번에도 엄청 잤다. 꿈은 좋은
편이었다. 쫓기지 않았고 부끄럽지 않았고 슬프지

않았다. 깨어나서는 아무것도 쓰고 싶지 않고, 아무 생각도 하고 싶지 않다. 모든 것이 귀찮고 무감하다. 읽고 싶지도 않고, 읽는 일이 특히. 무엇을 읽든 불쾌해진다. 아무것도 바라지 않는다. 음악 듣는다. 네이버에 복수한다. 반드시…… 복수한다…….

5월 6일, 그 새끼 0세

어제가 그의 생일이라고 하지만 그딴 건 하나도 중요치 않다. 내가 시발 지금 유럽털보맨 덕질이나 하고 자빠지게 생겼냐? 1818년생이면 내 공식 조상님보다 한참 어리다. 그도 결국 풋내기에 불과한 것이다. 나는 잔도를 태운다는 뜻에서 약속대로 당에 만오천 원을 보냈다.

　　오늘일기 이벤트의 파국을 두고 처음엔 헛웃음뿐 할 말을 잃었다가…… 그다음엔 여러 가지다. 애초에 형편없는 기획이었다든가, 꼴좋다든가, 네이버 정도 되는 놈들도 일처리가 이 모양이냐라든가, 능력이 없으면 일을 벌이지 말라든가, 아예 처음부터 이럴 생각이었다든가, 네이버페이 탈퇴로 맞불을 놓자든가, 항의성 댓글이 지금 삭제되고 있다든가, 청와대 청원을 하자든가, 공정위에 신고한다든가…… ㅂㅇㅅ도 지나가다 한마디 하고……

오늘 또 개처럼 일하며 조금 침착해진 나는 감히 고금 최고의 승신정리법, 좌파풍 승신정리법을 나 자신에게 소개하게 된다. 우리가 이 사태를 어떻게 인식하고 어떻게 처리하느냐에 따라, 이 일은 하나의 계기(필연으로 등장한, 따라서 사회에 가장 필요했던)가 될 수 있다. 그러므로 이 챌린지는 가능한 최고의 전개를 맞은 것이다.(결말을 유예하는 한 모든 전개는 최고의 전개다?) 즉 우리에게는 인터넷과 관련된 의제에 있어서 질적 도약이 필요하다.(나는 '우리'라고 했다) 오늘날 우리는 그야말로 모든 종류의 표현을 장려받고 있으며, 모든 종류의(국가의, 심지어 도덕이나 윤리의, 무엇보다 자기 자신의) 통제를 벗어나 그 어떤 시발것이든 동네에서부터 월드와이드로 거래하고자 한다. 카피레프트 운운은 교수 녀석들의 장난질을 벗어나지 못하고 있는 와중, 정반대로 우리는 복제될 수 없는 것을 어거지로 힘써 만들며 아이러니하게도 결국 자기 자신을, 개성을 사유화하여 기업에 갖다 바치고 있는데, 마치 이 일이 마지막 기회라는 듯이, 또한 마지막 즐거움이라는 듯이…… 이래선 안 된다. 마지막이란 것은 없다.

여기까지 썼을 때 뜬 네이버의 출구전략.

#오늘일기 챌린지——다시 한번 진심으로 사과드리며, 추가 안내 말씀드립니다.
안녕하세요. 블로그 팀입니다. 저희의 미흡한 준비로 인해 #오늘일기 챌린지에 참여해 주신 블로거분들께 ······

이런 것을 두고 바로 개새끼들이라 하는 것이다······

5월 7일, 황사

저기압 탓인지 아침부터 온갖 생각이 다 나며 우울감에 시달리다 비 오고 좀 나아졌다. 기본적으로 의기소침한 상태(최근 너무 많은 개소리······ 너무 좆같은 세상······)는 이어짐. 디자이너의 조판이 개차반이다. 교수 원고가 개차반이기 때문이다. 나도 물론 개차반으로 교정하고 싶어진다. 대단한 황사. 고비에서 왔다고? 쓸데없는 세 개의 메모.

문학과 정치에 대한 메모: 잘못을 한 새끼들이

하여튼 있고, 잘못은 저 새끼들이 했고, 반성은 저 새끼들이 해야 하고…… 그런 태도는, 물론 필요도 하지만, 결국 그뿐으로는 안 된다. 그 새끼들이 정말로 잘못을 했어도 그렇다. 내 생각에, 그런 식으로만 굴려면 문학을 해야 맞는 것이다. 또는, 그것은 정치가 아니라 문학에 가깝다. 내가 문학을 어떤 식으로 욕해도 용서해야 한다…… 문빠들을 가리켜 문학운동이라 한 것은 이 뜻이다. 이것은 욕이 아니다. 정치에서는 결정의 순간이 닥쳐온다. 후에 어떻게 되더라도 하여튼 주어진 조건 앞에서 이런 결정 저런 결정을, 하여튼 피부 지닌 인간들, 한계 있는 인간들로서 해야 한다. 문학에서는 인간들을 풀어놓고…… 내가 결정할 수 있다. 현실의 우리는 어디에서 문학을 할 것이고 어디에서 정치를 할 것인지를 판단하지 않을 수 없다. 정치에 가까이 가면 갈수록 그것은 문학적 색채를 띠지 않을 수 없다. 멀리 가면 갈수록 모든 문학에 나름의 정치적 측면이 떠오르는 것처럼.

능력주의에 대한 메모: ……현재의 능력주의-사회가 핵심 갈등을 생산하고 있지 않은가?(두 번째로는 아마도 의사소통구조) 먼저 오늘날까지의 삶과 경험으로부터, 양대 정치세력의 합작으로부터

능력주의를 체화한 집단으로서의 젊은이들인 것이
며, 자기들이 유리한 부분에서 능력주의 논리를 동
원해 엉망진창의 근거로 삼고 있을 따름으로 느껴
진다. 그래서 '능력'주의가 문제인가? 사회가 능력
주의를 현현시키는 방식에 문제가 있는 것은 확실
하다. 이런 식으로 말해 본다. 더 나은 세계를 향한
싸움은, 우리에게 필요한 종류의 능력이란 대체 무
엇인가를 두고 벌이는 싸움이다. 즉 우리는 능력이
개인에게 귀속 가능한 종류의 것이 아님을(때문에
그것을 따라 '보상'될 수도 없음을) 증명하게 된다. 손
쉽게 "다양성이 바로 능력(흔히 '포용력' 운운하며)"
이라고 말할 수도 있겠지만, 포용력 같은 단어는
현 상태를 합리화하는 데 사용될 위험이 있고, 따
라서 '반-배제'라는 말도 도입된 것일 텐데…… 다
시 말해 배제를 지양하려는 힘과 차이를 생산하려
는 힘 사이를 조율하는 것이 바로 우리가 손에 넣
어야 할 종류의 능력이며, 이런 의미에서 공산주의
는 끝나지 않는 참조점이 될 수 있다???

　　평탄화에 대한 메모: 대체 어디서부터 말해
야 하는지(정확히 윤리의 어느 부문이 어떻게 고장 났
는지) 모르겠다. 불로소득이 시대정신인 이런 판국
에는…… 진짜 망했다고밖엔…… '망했으니까 알

아서들 살아남자' 이게 윤리 취급을 받는데 도대체 뭘 어디서부터 쌓는단 말인가. 나한테는 투자라는 단어가 방화 살인 강도 폭행 등등과 다름없이 들린다. 살인을 왜 하지 말아야 되는지부터 설명하라면 못하겠고…… 하여튼 안 된다고. 그러나 설명해 보자면, 만약 ○○(문명? 역사? 윤리?)을 죽음 평등에의 지향=살인 양식의 고도화라고 보면, 살인은 타인 죽음의 사유화로서 불용되는 것이다. 같은 맥락에서 투자의 현재 비윤리성이 지양되자면 우리의 투자는 고도화(평탄화)되어야 한다. 이게 뭔 시발 미친 소린가 싶지만, 하지만 사실이다. 하물며 자살조차 자기 죽음의 사유화이기에 곤란한데…… 낭비가 그 자체로 (잠재적) 공유재의 오분배로서 잘못인 것처럼. 그러니까 흔한 오해와 달리 '불평등이 어떤 무엇의 진짜 이유'인 식이 아니다. 만약 우리가 차이를 생산하려고 든다면, 그것은 평등에의 감각을 보존하기 위해서다. (어디까지 말해야 하는지 모르겠다?)

5월 8일, 어버이날

모든 불효자식들의 고통의 그날, 이런 날이 있다는 게 어지럽다. 이 얼마나 고통스러운가…… 오직 불효자식들만이 무슨 뜻인지 알 것이다. 어떤 시기에는 수단과 방법을 가리지 말고 정신을 마비시키는 수밖에 없는데 오늘 같은 날이 그런 날이고 그렇게 이것저것 한 날이다. 사회가 반드시 친족적인 무언가라면 서로 옳게 됨은 조상이자 후손으로 대한다는 것밖에는 없을 것이다. 우리가 우리 사이에 대체 어느 정도 거리가 적당한지 알 수 없다면 시간을 도입해 보는 것이 차라리 답이 될 수 있다?

5월 9일, 맑음

괜한 유입이 있는가 싶어 오늘일기 태그를 다 지웠다. 기일정 취소로 집안일만 하며 창문 열고 휴식. 바람 좋고 날씨 좋아 약간 억울. 심적 여유가 있었다면 전격적으로…… 피크닉을 조직하거나 하다 못해 혼자 산책이라도 나갔겠지만 그냥 오후 늦어서야 씻었다. 참기 힘든 방식으로 세계를 설명하는 언어를 요즘 특별히 참기 힘듦. 그만큼 내 뜻과 무관히 많이 보인다는 뜻이겠다. 독서회가 2주 한 번인데 지난주엔 거의 읽지 않았다. 내일부터는 읽어야 한다. 일하기 싫다. 다시 토요일이었으면 좋겠다. 내 생각은 이렇다. 하루에 딱 4시간까지만 일하는 것이 나의 솔직하고 당당한 욕망이다. 대신 내가 이전까지 일해 온 만큼 일할 한 명이 더 고용되어야 할지도 모른다. 만약 저금하지 않고도 살 수만 있다면, 4시간만 일하기 때문에 내 월급이 반토막이 나도 좋다. 저금하지 않고도 살기는 가능하지 않을 이유가 없다. 그때에는 사장님이 아니라 사업노동자가 있을 것이고, 그 사업노동자의 임무와 목표는 노동의 창출(고용)이다. 그 사람도 그 노동에 자신을 결부시키는 것은 4시간까지만이다. 이것이 내가 가장 간단하게 상상 가능한 노동해방인데……

5월 10일, 월급날

기관차처럼 일했다. 머릿속이 컴컴해질 정도로. 벼르던 주역책을 주문. 내일은 그냥 아무 이유 없이 쉬었으면 좋겠다. 전혀 아무런 이유 없이…… 현실조까…… 이 개똥글을 빨리 쓰고 자빠져서 책 읽다가(싯팔 또 뭘 읽어야 한다고?) 잘 것이다.

5월 11일, 동학농민혁명기념일

? 언제 또 쥐도 새도 모르게 이런 기념일을 만들었는지. 오늘은 일도 딴짓도 만족스럽게 했다. 저녁으로 비빔면에 삶은 계란 올리고 오이소박이와 먹음. 먹기 전 설거지하고 먹은 다음 또 설거지하며 가사에서 기염을 토함. 코노 가서 100점 맞아 1곡 더 부르며 더욱 흡족해짐. 내가 100점을 어디서 또 맞아 보겠는가? 조상님들…… 이것이 당신들이 원한 후손의 행복입니까? 태진 페가사스 환타지 28456. 팔레스타인에서는 아주 난리라고 한다.

5월 12일, 경주와 점괘

초여름이었다. 너무 더운 사무실에서 일은 개발새발. 주역책 도착, 퇴근하고 미니사구. 플라스틱 껴묻거리 신나게 달리고…… 집으로 와서 주사위로 친구들의 점괘를 얻다. 일기 시간 놓침. 노곤.

5월 13일, 신겐 졸?

더웠던 날. 내일은 더 덥다고 한다. 올여름에 대한

공포감을 조금 느낀다. 어머니나 아버지에게 기후 위기에 대해 설명하는 자신을 가끔 상상해 본다. 내가 할 수 있는 말은 많지 않다. 일테면 이런 식이다. 내가 열 살 때부터 책에서 온난화 얘기가 나왔거든? 그때도 이렇게 될 줄을 다들 알고 있었는데 20년 동안 거의 아무것도 안 한 거야, 이제 딱 때가 된 거지, 할 수 있는 건 다 해야 되고, 유엔이건 뭐건, 이건 다 같이 가야 돼…… 다 같이 가긴 뭘 다 같이 간단 말인가…… 그런데 다 같이 가야 한다…… 친구에게라면 이렇게 말할 것이다. 열대작물이 뭐가 있나? 사막이 되기 전까진 괜찮을지도 모른다. 그다음엔 선인장 농사를…… 다육이는? 그것은 너가 맡아라…… 나한테는 이와 다른 방식으로 설명할 재주가 없다. 기껏해야 ☆☆당이나 찍고 너도 찍으라 하고, 당이 하자는 대로 하자고 하고 (?)…… 하여튼 나는 어떤 시발것이든 준비되어 있고…… 준비시키고…… 이거밖에는 없다. 염병할 준비야 10년 전부터 준비되어 있다. 무슨 준비? 다육이 농장 준비? 다육이라도 먹을 준비…… 다육이 먹기 비상연락망…… 벌레라도 먹을 준비, 비정하기 짝이 없는 마음의 준비가…… 이제 혼자 뭘 한다는 건 그냥 아무 일도 아니다. 혼자서도 할 수 있는 일이 너무나 차고 넘치기 때문이다. 이제 무한한 비정함이 요구되는 쪽은 누구와 함께 뭘 도모하는 일이다. 그 개 같은⋯⋯ 그 외에 다른 방도는 전혀 없기 때문에. 퇴근하면서는 미니사구 만화의 대형 신작 소식으로 흥분. 저녁밥 먹으며 무슨 경연 프로그램을 재밌게 시청. 미니사구 동호회의 경기 전적표를 한참 들여다보다가, 내일이 독서회였음을 떠올리고 『모든 것은 영원하다』 허겁지겁 읽음. 영 용서되기 어려운 소설. 그 감상문은 따로 쓸 것. 책을 읽느라 설거지 잔뜩. 내일 할 것이다. 아니면 모레. 민중의 여유는 무한대. 베란다 창을 닫으며 아카시아 냄새.

5월 14일, 독서회

책은 거의 예외 없이 나를 불쾌하게 만든다. 특정한 종류의 불쾌감을 위해 읽는 건지도 모른다. 책 같은 건 아무래도 좋다. 동지는 최근 위스키에 흥미를 갖게 된 모양이다. 나처럼 그도 술은 잘 못하는데⋯⋯ 술도 잘 못하는 우리는 위스키란 것을 쬐금 마시면서 되는 대로 지껄였다. 쬐금만 마셔도 되니까 좋은 거다. 매캐한 맛. 뭐 그렇게 우리가 고

급파도 지성파도 아니고…… 그냥 좋다 좋다 하면
서…… 하지만 실제로도 좋은 맛이었고, 몇 년 전
끊은 담배보다도 낫다는 느낌이었다. 단가 차이가
있으니 당연히 그래야 하겠다. 귀가해서는 신나게
설거지, 어느덧 14일도 지났다. 내일은 그리운 고
향으로……

5월 15일, 스승의 날

오직 술꾼들이 모이는 허름한 식당, 더 많은 손님,
더 나은 미래 같은 것은 필요도 없고 생각도 않는
식당에서 아버지와 오리육개장 먹다. 지나간 일기
를 다시 읽다. 다시 읽지 않는다면 일기 따위는 쓸
필요가 전혀 없고 문자 그대로 시간 낭비다. 너무
많은 생각은 하지 말자. 나는 다른 블로그에 17년
부터 월기를 작성해 오고 있는데, 이 시리즈를 쓰
고 있는 이 5월 중에도 마찬가지다. 새삼 살펴본 그
내용은 다음과 같다.

　1
　메이데이. 실컷 잤다.

2
자고 또 잠.

5
자고 또 잠.

7
우울감.

11
요즘 부쩍 개똥글을 많이 쓰면서, 굉장히 이상한 방식으로 쓰고 있다는 걸 자각했다. 쭉 이런 식이라면 손으로는 뭘 못 쓸 것 같다. 예를 들어 '문장을 거꾸로 쓰는가 하면……'이라고 쓸 때, '하면' '쓰는가' '거꾸로' '문장을'의 순으로 타이핑하고 있다는 것이다. 문장 단위에서만 그러는 것도 아니다. 한 문단을 쓸 때나 여러 문단을 쓸 때도 똑같다. 그러고선 마지막에 조사를 씨발 밀고 당기고…… 집중력 파탄이 우려된다.

5월 16일, 문화대혁명

뭔 뜻인진 모르겠지만 오늘부터 문혁이 시작됐다 하더라고…… 다 좋은 뜻이 있고 이유가 있겠거니. 사람이 미친다는 게 슬프고 두렵다. 죽는 것도 그렇고. 안 죽는 것도. 만사가 막중하고 부담스럽다. 또한 덧없으며. 우리는 미쳤다. 그 생각을 길게 하고 있다. 취미라는 미친 짓들, 노동이라는 미친 짓들, 문화라는 미친 짓들, 생활이라는 미친 짓들. 울분이 나 갖고 심호흡. 다 할 수 있고 넘겨 세울 수 있었다. 이상하게 또 나는 것이 힘 아니냐? 아니냐?……

5월 17일, 국제 성소수자 혐오 반대의 날

일기의 저주에 걸린 듯이 계속 쓰고 있다. 일했다. 죽거나 산 친구들, 사람들과 선대 생각. 내일은 5·18. 일할 것이다. 오월엔 날이 많다. 일기는 오월까지 주욱 쓰고, 남은 오월 동안 아무 생각도 하지 말아야겠다. 당분간 일기나 쓰면서, 생각이란 걸 하고 싶지 않다. 요양 온 것처럼. 다 좋습니다…… 빠스라질 때까지 이래야 할 것도 저래야 할 것도 없습니다…… 다 좋으니 리듬 있게 하세요, 리듬 있게…… 차면 기울고 기울면 찬다…… 벗이여 그 날은 오고 그 다음 날도 온다……

5월 18일, 광주민중항쟁

만약에……

5월 19일, 부처님오신날

우리 미니사구 팀원들……과 함께 영종도에서 열린 RC 페스티벌에 다녀왔다. 인천공항은 처음이었던 것 같다. 맞나? 아닌가? 공항에서 행사장까지 걸어가는 길이 아주 좋았다. 날씨가 좋아서 좋고 사람이 없어서 좋고 넓고 평평해서 좋고. 행사장에선 레이스 도중 멋대로 끼어들어 온 어떤 아이의 차를 뒤에서 들이받아 코스아웃시켜 버린 일을 특별히 적어 둔다. 미안하다고는 했지만 역시 짜릿한 느낌. 애송이는 더 강해져서 돌아와라…… 아주 지칠 때까지 놀고 귀가해서는 충분한 휴식. 취미라는 게 다 그렇지만, 호르몬 소진으로 인한 우울감을 잘 관리해 줘야 한다는 것이다. 안 그래도 우울한 세상 속에서…… 뻔뻔하게 쓰고 있지만 좀 어이가 없기도 하다. 상상도 못한 전개, 그러나 얼마든지 가능한……

5월 20일, 목요일

목요일은 언제나 위기의 목요일이다. 어떤 날짜들 생각. 무슨 날 무슨 날 하는. 매해 훗날을 도려낸 것처럼 된다니? 귀찮은 조사 쓰기. 훗날도 매해도 피로. 다 쓴 빨간 펜들은 버리지 못해 잔뜩 꽂혀 있다. 그게 아니면 내가 일했다는 증거가 없기 때문에. 오로지 이름이 간지 나서, 구묘진을 읽기 시작.

5월 21일, 비 오다 갬

출근. 아침에 비가 조금. 일을 하는 둥 마는 둥. 관리직 하나가 다른 직원에게 말을 싸가지 없게 해서 짜증. 안 그래도 교수들 때문에 짜증인데…… 짜증에 대해선 쓰지 말자. 퇴근하고선 '넥스트레벨'을 한껏 칭찬하며 농담 따먹기. '분열한 나─매력적인 적' 테마. 이에 대해 쓸 일 있을지? 없기를…… ㄷ NEXTㄷLEVEL, KOSMO에 닿을 때까지……

……한편 계속 뭔가를 잊고 있는 듯한 기분이다. 떠올린다 해도 할 수 있는 일 없다면? 쓸 것이 너무 많다. 누가 쓰란 적도 없고 돈을 받는 것도 아니고 쓰길 기다리는 이 없으며 읽는 이를 위한 것 아니며 쓰는 나조차도 괴로울 따름인 것을? 삶에 괴롬이 부족한가? 보통 아무것도 안 쓸 때 이런 소리를 하게 된다. 감정의 복잡도에는 한계가 있다. 노동자의 일과가 그런 것과 같이. 복잡도에 한계가 없는 쪽은 감정의 표현, 노동계급 일과 표현의 복잡도에도 한계가 없다. 나는 거의 아무 일도 겪지 않음. 그러나…… 만약 도서와 영상이 질적으로 구분될 수 있다면 물질의 남음으로뿐. 이는 즉 너희를 말하는 것이다. 토요일을 향해! 잠.

5월 22, 23일, 주말

캐치볼을 하고 밥을 먹고 차를 마심. 일요일에는 TRPG. 모임은 언제나 즐거운 모임. 인간이 사는 데에 엄청나고 대단한 필요 없다. 온갖 견딜 수 없는 일들도 사람들도 모른 척하고 지난 일로 하고 모르고 상관없는 사람으로 하고, 하려면 얼마든지 할 수 있다. 하루나 이틀을 쉬는 것만으로 얼마든지 그렇게 할 수 있다는 게, 그것이 거의 무한한 능력이라는 게 불만스럽다. 그러나 어떻게 잊고 어떻게 모른 척한다는 말인가? 다 할 수 있다. 무슨 소린지…… 아무 불만도 없다. 당연히 출근하기 싫다. 오랜만에 공연이나 봤으면 좋겠다. 추모의 불평등에 불만? 불만의 불평등에 불만? 죽음은 희망이 아니고, 나는 인간 희망으로 뭘 하자 들고 싶지 않다. 그런 식이라면 절대로 버틸 수 없다. 할 수만 있다면, 무한한 자원인 허망함으로부터……

5월 24일, 차별금지법 제정에 관한 국회청원

내가 뭐 어거지로 데모를 나가자 한 적이 없고, 항상 나 자신과 여러분을 기다릴 줄 아는 사람이다. 인성 터진 자봉가새기들 죽창에 꽂아 놓자 대가리 깨 놓자 뭐 이런 무리한 부탁 절대 안 함…… 그냥 클릭 몇 번…… 근데 당신만 하면 안 되고, 다른 분들께도 권유를 해야 되는…… 좋은 거를 방 구석에 놓고 나만 먹지 않듯…… 남한테도 권유 필요…… 츄라이 츄라이…… 해 보세요. 괜찮습니다…… 해도 됩니다…… 하나도 안 어렵고…… 특히 남한테 하라고 해야지 좋고…… 추가 권력 불필요…… 안 쓴다 뿐이지 우리의 권력 충분 넉넉……
단 우리일 때만…… 오늘일기 챌린지를 통해서 하
면 딱 좋고(마당도 쓸고 동전도 줍고)…… 네이버 운
영진 블로그팀도 참여 크게 가능, 나는 다 용서, 나
랏님한테 대고 왜 이거 안 해주냐 왜 저거 안 해
주냐 그러고만 있으면 곤란하고 저새끼들 개새끼
들 분통 터지고만 있으면 곤란하고, 그 뭐를 하자
고 하는 인간이 되자! 우리가 우리를 위해 뭘 했습
니까!1?/ 그 무슨 책의 서평에서는 '정치적—경제적
체제를 근본적으로 변화시킬 수 있는 대중운동이
유일한 대안'이라 했는데, 이게 바로 그 대중운동이
고, 왜냐하면 자본주의는 온갖 차별의 생산을 동력
으로 삼는 체제이기 때문에, 차별금지가 바로 자본
주의 지양의 한걸음인 것이고, 사실 금지법 그거는
그냥 법이고, 당신이 남한테 하자고 하는 그거가
바로 큰 걸음 맞죠, 햐 존나 쉽네! 체제가 변환 어
쩌구 뭐 그냥 뜬구름 잡는 소리 하나도 아님, 청원
하면 당신도 좌파, 오늘부터 1일, 좌파 싫으면 좌파
안 해도 되니까 그냥 청원, 아직도 알쏭달쏭하면
그냥 덮어놓고 나를 위해서라도, 그냥 나를 위해서
해라!1 너의 생각은 안 중요 이것도 못 해줘? 이것
도 ???? 이웃에게 무한추천 야 쉽다 참 쉽 다!지금

5월 25일, 타월데이

눈물 없이 읽을 수 없는 슬픔의 책 『은하수…… 안내서』가 출간된 것은 79년도의 일, D.A가 세상을 뜬 것은 어느덧 20년 전…… 타월데이에 대해서는 언젠가 따로 알아보도록 하자. 어떤 고난 속에서도 DON'T PANIC이다. 그 어떤 고난 가운데서도…… 내가 '그 어떤'이라고 하면……

　　……나의 생각은 이렇다. 일테면 '남성할당제'가 필요하다고 말할 수 있을까? 그렇다. 할당제라는 것은 급진적인 틀이다. 그런 것이 체제와 그냥저냥 아름답고 부드럽게 조화될 수 있을 거라는 기대는 버려야 맞다. 그런데 어떤가? 말할 것도 없이 남성할당제는 이미 시행되고 있다. 긍정적으로, 부정적으로. 따라서 '여성할당제'와 같은 명칭, 그 일('할당')을 예외적인 것으로 취급하는 듯한 그 명칭 자체가 바뀔 필요도 당연히 있다. 할당제라는 아이디어는 '이 부분에서 이것을 특별히 챙기고 저 부분에서 특별히 저것을 챙기는' 식이 아니라, 모든 일반 판단에 있어서 고려되어야만 하는 보편적 법칙

중 하나로 묵약이나 기만 없이 투명하게 적용되어야 한다. 그것이 더 이상 급진적인 아이디어가 아닐 때까지, 예외적인 명칭이 필요하지 않을 때까지 그것은 추진되어야 한다. 의회의 성비가 맞지 않는다는 사실이 당연히 이상하게 느껴질 때까지, 이사회의 성비가 맞지 않는다는 것이 너무나 이상하게 느껴질 때까지, 이사회 임원 시급과 최저 시급이 맞지 않는다는 것이, 사내의 연봉 분포가 평평하지 않다는 것이 도저히 참을 수 없이 이루 말할 수 없이 야만스럽고 징그럽게 느껴질 때까지…… 나와 같은 개돼지들도 그와 같은 추상에 불편함 없이 도달할 수 있을 때까지…… 무슨 소린가? 능력주의의 '능력'을 재정의해야 한다고 말하려는 것일까? 그런 것 같다. 좀 더 구체적으로는, 그것(능력)이 존재하는 방식이 발전되어야 한다. 발전되어야 하는 것은 바로 그것이다. 그 어떤 고난 가운데서도.

5월 26일, RC오너(성공한 삶)

신판 번역 원고를 달라 하면 전판을 그대로 긁어서 주는 저 수많은 교수들. 저가 긁어서 주면 양반이고 긁는 것도 해 달라 한다. 알아서 긁어서 원고 꼴로 만들라고 한다. 그리고는 신판에서 뭐가 바뀌었는지 내가 직접 비교해 메모를 달아야 한다. 확인 부탁드립니다…… 확인 부탁드립니다…… 오직 학문을 위해? 오직 학문을 위해. 여기서 머릿속을 아득해지게 만드는 것은 이 일이 계속 반복되고 있다는 점, 이 일이 어떻게 해야 나아지는 것인지 꿈꾸기가 어렵다는 점.

귀가하니 기다리고 기다리던 대륙의 1:32 미니RC 단돈 2만원…… 드디어 도착해 미리 준비해놓은 폴리바디로 바꿔 줌. 어딘지 허술하지만 크게 흡족. 쥐새끼가 돌아다니는 것 같다 하여 생 쥐스트로 이름 붙임. 아직 저녁도 안 먹었다.

5월 27일, 월차

아침에 알람 듣고 깼는데 토요일인 꿈을 꿨다. 왜 토요일이지? 목요일이어야 맞는데? 이건 꿈이야! 다시 깨니 목요일 맞았다. 월차날 이거 해야지 저거 해야지 흐리멍덩하게만 생각하다가 막상 닥쳐 하나도 안 했다. 출근한 것처럼, 대신 뒹굴거리면서 종일 악어일기 다 읽고 퇴근 시간 되어서야 씻음. 책이 다 무엇이관데…… 뭐가 너무 많다(보고 듣고 할 너무 많은 것들…… 특히 읽을 것이), 많아도 너무 많다는 기분이 줄곧 이어지는 중. 좋은 것이 너무 많다. 너무 많다는 점이 싫고, 점점 많아진다는 점이 견디기 어렵다. 생각을 다른 식으로 해야 할 것이다. 또는 행동을. 이제 유월부터는 바빠진다. 대학 방학을 맞아 다음 개강 전으로 마감이 속속 잡히기 때문. 교수 새끼들이…… 아니 일 얘기는 괜히 하지 말고……

5월 28일, 세계 놀이의 날

개 똥 같은 원고 잘못 걸려서 개 좆같이 열불 터지다가 퇴근. 종일 그냥 속으로(트위터로) 욕을 욕을…… 총 쏴 버릴 수 있었으면 쐈을 것이다. 학문의 미래를 위해…… 진정한 스트레스는 오류로부터 오는 게 아니고 오류를 고칠 방도의 차단에 있다. 그 일들이 다시 반복되는데 내가 손 쓸 수 없다는 데서. 그 새끼가 다음에도 또 그따위로 써 올 거라고? 방도를 어떻게 놓을 것인지는 생각되지도 못하고, 다만 오만 군데에 욕하는 것으로…… 총을 상상하는 것으로…… 이래선 안 된다.

5월 29일, 콘스탄티노플 함락

독서회…… 겸 술 모임. 책 얘길 하고…… 불후의 명곡인 싸이코, 이어서 현시점 최고의 8인조 그룹 ○8스파를, 자연스런 흐름으로, 세상과 단절된 채 살고 있는 독서 메이트에게 전파. 이래저래 배가 터지도록 먹고…… 무슨 일본의 노이즈 판을 들으며 음소거 자연인 보고(너무 잘 어울림), 준비된 여러 고급의 주류…… 그리고 nba 시청. 원조주인님 옛주인님 새주인님 나라들이 조화롭게 어우러지는 향락의 토요일. 휴일엔 세상에 대해 생각하지 않는다는 것이 또한 원칙? 친구 없는 야훼보다도 상팔자? 뭔가를 쓰는 일에 대해서라면, 나는 지금 폐인에 가깝다…… 아열대 기후 진입에 발맞춰 장만한 장화에 만족. 이제는 우리도 사롱 같은 걸 입어야 된다.

5월 30일, 일요일

휴식하다가 미니사구. 제법 어려운 코스로 바뀜. 주말 저녁 치고는 적지 않은 사람. 트위터에 이미 썼지만(트위터는 나의 외부 두뇌들 중 하나다……), 미니사구는 정비~승부~정비~승부의 폭발 이완 사이클을 마치 내연기관……처럼 반복하는 시·청·촉각·지능상 고자극의 모터스포츠이다. 따라서 일정을 마치고 나면 아드레날린 과다 분비로 인한 호르몬상의 불균형 때문에 우울감을 겪기가 쉽다(=사구블루)……라는 것은 그냥 이야기해 본 것으로, 아무래도 그렇지 않겠느냐는 말이다. 이유야 어쨌든 취미생활 후 우울감을 적절히 다루기 위해서는 충분한 영양 섭취(혈당을 높여주기)와 휴식 명상(자극 최소화), 넉넉한 수면으로 이어지는 컴보-케어가 중요하다. 만약 세상이 그것을 방해한다면 (일테면 월요일과 같은 것으로) 그 세상은 변혁되어야만 한다……

5월 31일, 말일

일했다. 다른 읽은 것도 없다. 월요일. 멍해짐. 퇴근하자마자 잠깐 잠. 허리도 머리도 아프다. 기타 치고 싶다. 싫은 놈들과 싫은 것들이 너무 많아져 곤란하다. 나조차도. 당장 어제 쓴 얘기도 수긍이 안 된다. 용서…… 평정심…… 복수……

6월 1일, 국제아동절

이 일기는 지하철에서 쓰고 있다. 국제아동절이란 구 공산권판 어린이날이다. 모스크바의 추위 때문이었을까? 어젯밤에는 얀센 백신을 예약. 다음 주다. 한구석으로 긴장이 되는 것은 어쩔 도리 없다. 맞으면 될 거 아닌가! 오늘일기 이벤트는 3일까지다. 아쉽지만 끝이 보인다. 오늘은 퇴근하고 메밀소바 한 판 때린 다음 찹쌀꽈배기 딱 넣고 쓰레기 같은 인간사를 와안전히 싸그리모조리 잊고 미니사구에 몰두. 허리는 아프지만 정화된 마음으로 귀가. 볼트를 풀고 조이고 하는 것이 뭐이 즐거운가? 모른다…… 좌절은 좌절대로, 흡족은 흡족대로…… 가게 두어라…… 우리에게 불굴의 쾌활성 항시 필요…… 쓰레기 같은…… 개쓰레기 같은…… 인간사 최 고 입니다……

6월 2일, D-1

……생사판가리의 싸움은 이미 시작됐다는 것을 알아야지 됩니다. 그런 싸움판에서는 도망칠 수 있을 때는 도망치는 것입니다. 돌진만 하다간 골로

가고요…… 빠질 때 빠져야 칠 때 칠 수 있고……
나는 오늘 여기서 죽는다, 이거는 허투루 쓰지 말
고 최후의 최후까지 갖고 계셔요…… 목숨이 귀하
니까요…… 반드시 옵니다, 차례가 오니까는,

원인으로 인간을 실컷 지목해 놓고 마지막에
원론만을 말함으로써 구조를 비판하는 척하기, 충
분히 많은 수의 인간을 욕함으로써 구조를 비판하
는 척하기, 인간의 특정한 유형을 욕함으로써 구
조를 비판하는 척하기…… 근자의 많은 줄글들로
부터 꽤 많이 확인하는 고질적 패턴이다. 말인즉
슨 '인간을 욕하기' 이상의 능력이 우리에게도 똑
같이 없다는 것이다. 만약 인간 욕하기가 아니라
면 그 쌍인 일종의 의지주의로 마무리할 따름, '그
래서 세계를 어떻게 해야 할 것이냐' 하는 문제에
있어 한계에 도달해 있기로는 마찬가지다. 아니 그
보다도, 세계를 어떻게 해야 한다는 것에 대해서는
뭐 대충 나왔는데, 그를 위해 우리가 무엇을 할 수
있으며 무엇을 하고 있는지에 대해서는…… 뭔가
가 우리를 짓누르고 있다. 바로 나한테 하는 얘기,
바로 내가 쓴 것…… 대갈통으론 아는데 알아도 뭐
가 안 돼…… 쓰는 일로 뭐를 해 보겠다는 생각 자
체가 좀 오헤에 가깝다? 내 생각에는, 아마도, 무슨

욕은 참을 수 없어서 하더라도, 그와 더불어 무슨 함께할 만한 좋은 일이 일어나고 있는지에 대하여 위험을 무릅쓰며 이야기할 다짐을 재차 잡아야 하는 것 같다. 그게 뭐든 뭘 하면 안 되는 이유 존재해선 안 되는 이유는 천 가지가 넘는다. 왜 그걸 모르니! 그럼에도 시연을 하고, 독려를 하고, 본을 보이고, 서로에게 요청하고, 그러는 것만이…… 예전에 모 선생도 만사의 양면을 보라고 하셨다…… 암운이 기회고 기회가 위기고……

갑작스럽게 야근.

…………그게 제일 쉬워 보이기 때문에, 하여튼 누구를 찾아내 처벌하면 된다는 식이고, 뭐든 때려잡는 것이 하여튼 최고의 개혁이고 정의라는 식…… 세 부류 네 부류가 서로서로 붙잡고 욕들을 해도 이 기본 기조가 똑같다. 이 정권 출발부터가 그랬던 거다. 그래서 ㅂㄱㅎ가 이 정권에서는 절대 사면될 수 없다? 하여튼 누구를 처벌하면 된다고 하는, 그놈의 시대정신에 정면 역행하기 때문. 처벌 안 한다고? 만약 그를 사면한다면, 도대체 정부는 뭘 했단 말이며 무엇을 위해 여기까지 온 것인가? 코로나 대응? 뭔가를 벌주는 것만이 세계에 대해 할 수 있는 유일한 일이라는 듯이 구는 세상이

나는 싫다. 나만 그런 게 아니고 분명 다들 싫을 것이다. 왜 아니겠나…… 그래서 '죽이면 될 거 아닌가' 정신으로 나부터가 무장하지 않으면 견딜 수가 없는 것이다? 나의 복수심은 끝이 없는데…… 무엇을 얼마나 죽여도 끝날 수 없는데…… 우리는 생각을 잘 해야 한다. 그런데 한편 이런 건 어떤가? 만약 '죽이면 될 거 아닌가'의 정신이 우리에게 부족한 것이, 진실로 죽여야 되는데 물러서고 만 것이 그간의 문제였더라면? 우리가 '죽이면 될 거 아닌가'에 어깨 걸고 도달한 까닭이, 어떤 식인가의 천벌을 우리가 자신에게 원하기 때문이고…… 다른 것들과 마찬가지로…… 이 또한 균형의 문제일까? 그럴 수 있다.

6월 2일, 일기장의 끝

오늘로 완결. 기다릴 거 없이 일터에서 마무리. 일기는 끝나도 생활은 계속된다. 목요 피로 때문에 아침부터 오온갖 짜아증이 다 났다. 이런 때일수록 무슨 표정이라도 지으려 힘을 쓰고 애를 써야지 맞다. 옛말에 '인간의 본질은 사회적 관계의 총합'이라고 했다. 그것은 세계가 우리를 만들 뿐 아니라 우리가 세계를 만든다는 뜻이며, 우리가 모든 것을 세계로부터 받았듯 우리가 세계에게 주게 되는 것이 반드시 있다는 뜻이다. 그를 따라 유추해 보건대 세계가 우리의 마음에 차지 않는 것은 세계가 자신의 갱신을 바라기 때문…… 그렇다면 변화를 바라는 이는 무엇을 거부할지를 구분하는 데서부터 시작해 무엇을 만들어 낼지를 상상하는 데까지 간다는 것이다. 무슨 요상한 종교쟁이 말처럼 들릴지도 모르겠지만…… 그러나 하느님은 끊임없이 번역되는 대상으로 있다. 하물며 내가 나의 급박한 필요에 따라 오늘의 퇴근을 상상하며 얼굴의 근육을 움직여 웃어 보는 것에 하등의 거리낌이 있겠는가? 전혀 없다. 퇴근하고선 애인과 함께 '킹덤' 마지막 화를 본다. 일기가 그렇듯, 왕국도 끝나야만 한다……!

2022년 5월 2일

운 좋게(?) 일요일 노동절. 이미 아는 얼굴들 더없이 반가워, 날 쨍하고 바람 불어 좋았다. 주최측 추산은 만사천. 더 되는 것 같았는데 아마도 뺑튀기에 익숙해졌기 때문일지. 좌전판이 아닌 대오 속으로 들어가는 건 언제나 떨리고 두려운 일이다. 그 바깥에만 머물거나 구경하거나 빠져나가는 일이 마약과도 같은 그만큼…… 내 느낌으론 시청 앞 잔디밭보다 나았다. 지난날과 비교하여 연단의 영상-음성 전달력 향상에 놀람. 이렇게 집중력 있게 앞에서 뭐하는지 알 수 있었던 게 거의 처음인 듯도. 좋은 걸까? 아닌 걸까? 아무튼 자막을 더 많이 써 줬으면. 언제나처럼 어떤 것은 좋았고 어떤 것은 에이 싫고 어떤 것은 아쉽고…… 그리고 모든 것이 반가웠다. 나는 한편으론 왈가왈부에 지쳤던 것 같다. 아저씨들, 또는 나와 같은 예비 아저씨들이 뭐가 옳네 그르네, 지금 나처럼 자기 넷자리 깔고 옥신각신 뭐 남욕남탓하는 거 지겨워…… 우린 다 틀렸고…… 우리가 있다는 걸 확인하지 못한다면, 이렇게 많은 사람이 있다는 걸 잊으면, 그러니까 이런 대회 같은 일이 없다면, 정확해져야 한다는 생각 및 자격지심의 과잉과 그에 따른 자신의 겸양 상실을 영 버틸 수가 없다. 뭘 버텨? 뭐 정신적으로나 이래저래…… 널럴치가 않아요…… 그래서 믿음이 부족한 것이고, 그래서 사람이 모이는가…… 여러 허튼 생각들. 하나에 정신을, 둘에 차리자…… 행진 때는 제일 예쁜 깃발 무지개 깃발을 따라다녔다. 강풍에 깃대 붙들고 버티며 가는 사람들 구경. 관악기를 챙겨온 사람들이 인터가를 불어줘 고마움. 말과 세계가, 함께 좋아할 만한 것이 되는 때는 언제쯤?

연자매

연자매에 동지가 매여 있다. 누가 매 놓은 것이 아니라 자신이 맨 것이다. 동지는 그것을 밀고 있다. 동지는 자신이 무엇을 찧는지 알고 있다. 매의 윗돌과 아랫돌 사이에서 무엇이 이겨지는지, 정확히 무엇이 거기에 들어갔는지 오직 그 동지만이 알고 있다. 하지만 거기서 나온 것들을 무엇이라고 해야 하나? 동지에게는 모두가 주기만 했고, 아무도 그것을 가져가지 않기에, 매를 통과해 나온 그것은 켜켜이 쌓이고만 있다. 동지의 일은 다만 미는 것이므로 그것을 가져갈 수도 만질 수도 없다. 돌의 힘과 낱알의 으스러짐만이 동지의 팔과 몸으로 전해지고 있다. 연자매의 부속인 동지는 애써 잊으려 한다. 그게 무엇인지, 누가 찧어 오라고 한 것인지, 그 일이 무슨 뜻인지. 민다는 것은 돌린다는 뜻이다. 돌린다는 것은 찧는다는 뜻이고. 동지는 자신이 만들어 내고 있는 것에 파묻히고 있다. 자유로운 동지의 육신이 연자매에 붙들려 있다. 동지는 영혼의 노예다. 영혼은 연자매이고, 그것은 모두가 함께 사용하는 것이다. 우리의 읽기와 쓰기는 이처럼 보인다.

2022년 6월 7일

네이버 일기 챌린지가 또 시작된다. 작년의 그 염병을 또 한다. 이번엔 주간일기로 한다고 한다. 청소년 시절부터 거의 20년에 가까운, 돌아보면 까마득한 시간 동안 인터넷에다 대고 이런 자세 저런 자세로 염병할 놈의 일기와 일기 같은 것들을 무분별하게 써대고 읽어대며 느낀 건, 그게 어쨌건 독하게 재밌는 일이기 때문에, 점점 더 지독한 방식으로 (=산업적으로) 장려되며, 점점 더 거부하기도 어려워지며, 어쨌든 그 자체로 좀…… 미친 짓에 상당히 가까워진다는 건 염두에 둬야 쓴다는 것이다. 읽어 주는 독자를 모으면 모을수록, 작자들을 피드에 모으면 모을수록…… 어떨까? 그건 쓰는 이와 읽는 이를 함께…… 미치게 만드는 일이 아닌가?

내 생각에, 그건 내용 때문이 아니라 양 때문이다. 많은 양의 인간들이 인간의 특정한 상태를 향해 함께 가는…… 다른 무엇보다도 양적으로…… 미치지 않았다는 건 그럼 뭐냐? 하면 뭐라 말하기 어렵다. 미치지 않았다는 건 가련한 한 인간이란 생각을 놓지 못하고 있다는 뜻인가? 그 반대인가? 짐승이란 뜻인가? 짐승들도 미친다. 한 인간은 말할 것도 없거니와, 우리는 미친 채로 이 행렬에 끼어든다. 인간을 떠나면서, 인간을 알면서 모르면서다. 말하자면 너나의 일기를 읽고 쓰는 데엔 마음의 준비가 필요하다. 못에 돌 던지기 견딜 수 없이 재밌고 사실 도대체가 못과 돌밖에 없지만, 내 뜻과 전혀 무관히 그게 뭘 맞춰 대가리 깨 버릴 수도 있다는 걸 알았다면? 또는, 돌 던지기 구경이 재밌지만…… 어느새 내 대가리 깨졌어? 그것은 비처럼 쏟아지는 돌이다. 산사태다. 너는 나를 알고 나는 너를 모르는, 또 나는 너를 알고 너는 나를 모르는, 공개된 일기가 조성하는 이런 고약한 구도 자체가 특수한 종류의 독법과 화법을 요구하는 것이다. 내가 누구이고 어디서 무얼 했고 이런 이야기, 이걸 만방에 보인다는 것은 그야말로 위험천만이고 쓰면 쓸수록 위험천만이다. 자신들과 가진 것들, 겪는 것들의 다름 때문이다. 그렇다고 생각 느낌…… 써 놓고 보면 하잘것없고, 느꼈다고 다 옳은 게 아니고, 생각했다고 다 맞지도 않는다. 그러나 그것이 옮아가고 되돌아온다. 틀려도 되기 때문이다. 위험천만이다. 하지만…… 그럼에도 왜 탐욕스럽게 읽고 쓴다는 말인가? 예전에 뭐 '트위터는 인생의 낭비'라고 그런 말 있었다. 어떤가 하면, 트위터는 그것들 중 하나일 뿐이고, '트위터는 인생의 낭비'라는 바로 그 이야기가 돌던 페북, 유튜브, 인스타, 판, 유머게시판, 커뮤니티, 갤러리, 카톡 단톡방, 댓글창, 블로그, 이런 따위 것들이 모두 현대의 지배적인 양식, 공개된 일기 쓰기/읽기라는 낭비적 형식 아래 있다. 여기서 일기란 남겨졌으므로 말과 구분되는 동시에 남겨졌음에도 글과 구분되는 무엇(유무형의, 그러나 유무형의 언어)을 말한다. 이런 식으로 말하려면 무슨 말이든 할 수 있을 것이다. 그것에 대해 오랫동안 생각이란 걸 해봤고 이젠 기억나지도 않는다……

　　그래서 이것들 모두, 인간들이 자신들의 남아도는 정신머리를 이해하기 위한 몸부림일까? 모든 일에는 좋은 면이 있고 나쁜 면이 있다? 분별은 무분별 위에서, 무분별은 분별 너머에서 싹튼다? 그래서 하고 싶은 말이 뭐냐면, 내 계산으로 이번 챌린지 이벤트는, 주 1회 쓰기라는 게 얼마나 무거운 굴레인지 알게 되는 것 외엔, 뭘 어떻게 써도 수지 타산이 안 맞는다는 것이다. 이렇게 초장부터 초를 치고 기를 꺾어 경쟁자를 제끼고 당첨확률을 높이는 것 말고는……

늪괴물

"제가 다 완벽하게 봤으니까요." 교수는 그렇게 말한다. 자기가 완벽하게 본 원고라고. 그냥 내기만 하면 된다고. 더 볼 필요 없다고. 그러나 이런 사람들이 같은 것을 계속 틀리는 모양과 마주치고 있자면, 옳게 고친 쪽이 오히려 어색해 보이고 만다. 나는 틀린 예를 훨씬 많이 보기 때문에 틀린 쪽이 눈에 익게 되는 것이다. 그들도 제 눈에 익은 걸 옳다고 여길 뿐이다. 어쩌면 틀린 쪽은 나인 걸까? 정말 내 쪽이 틀렸던 경우도 있다. 이 일을 아무리 오래 해도, 아무리 눈에 익은 오류라도, 그것이 맞는지 틀리는지를 매일 찾아봐야 한다. 맞는다는 게 다 뭐고 틀린다는 게 다 뭔가?

늪괴물이 여기에 있다. 늪괴물을 뒤덮고 있는

녹갈색 수초들을 아무리 헤집어 봐도 그 속에는 아무것도 없을 것이다. 뒤덮고 있다는 표현은 적절하지 않다. 늪괴물은 안에 있는 것이 아니다. 늪괴물은 바깥에서부터 구성되고 있다. 안에서 빨아들이는 것이 아니라 밖으로부터 어떤 힘에 의해 밀어 넣어지고 있다. 늪괴물 모양의 공백을 향해서다. 늪괴물을 함부로 헤집다가는 늪괴물이 되고 말 것이다. 늪괴물을 향해 뭔가를 밀어 넣는 힘의 정체는 늪에 빠진 것들의 외침이다. 늪괴물은 늪 밖으로 서서히 이동당하고 있다. 이별하지 않으려는 진창의 외침으로. 하지만 늪괴물은 늪을 사랑한다. 그러므로 떠도는, 늪괴물은 늪의 유일한 늪 아닌 것이다. 나의 늪괴물 동지는 별빛 아래서 늪과 싸운다.

3부　　　교정공기

개꿈

오늘도 그냥 지들 어디로 가고 어디서 오는 스케줄 맞춰서 지랄 좀 하면 교정이 알아서 끝나서 나와야 되는 줄 아는 끼새수교들…… 내가 보기에 우리 사호이지층분도들은, 만약 지금 그대로의 사회를, 일이 돌아가는 와꾸를 유지하고 싶으시다면, 그러지 않는 게 좋다고 보지만, 하다못해 주기적으로 매라도 좀 맞으셨으면 좋겠다. 그것만 하면 나도 그냥저냥 큰 불만 없을 것 같다. 그래도 나는 타협을 할 줄 아는 사람이다. 그분들이 한 달에 한 번 동사무소 가서 카드 찍고 태형을 받으면 된다. 그러면 다른 건 어떻게 하든 좋다. 도구와 대수는 직종별 수입별로 단체교섭을 해서 정하면 된다. 교수 정도 되면 뭐로, 몇 대를 맞으면 좋을까? 어쨌든 나는 바로 그 태형담당자가 되고 싶다. 뒤늦게 찾아온 꿈…… 나, 70세의 은퇴한 교정공은 정부 지원 노인일자리를 알아보다 발견한다. 아, 드디어…… 나는 당연히 지원한다. 진심이 담긴 지원서를 쓴다. 면접과 신체검사를 거친다. 나는 내게 다른 종류의 어두운 목적이 없다는 점을, '내게는 오로지 원한 뿐'이라는 점을 증명해야 하고 증명해 낸다. 기준이 제대로 되어 있기만 하다면 나는 뽑힐 것이다. 문명사회에서 태형은 좀 그렇지 않은가 싶기도 하지만, 우리 교수님들은 또 얼마나 문명인들이란 말인가? 꿈은 모두가 꾸는 꿈이다. 나는 주민센터에 도착해 곧장 '교정실'로 향한다. 조심조심 계단을 내려가며 나는 생각한다. 이런 종류의 벌로 그들이 교정되지 않는다는 건 이미 알고 있다. 하지만 그들이 선택한 일이다…… 어쩌겠는가? 교정실 문은 잠겨 있다. 왜지? 안내문도 붙어 있지 않다. 주민센터 사이트에 접속해 본다. 반평생에 걸친 교정 업무로 인해 한없이 어두워진 눈으로, 나는 동네소식 게시판의 깨알 같은 글자들을 한참 들여다본다. 태형…… 자동화로 인해…… 교정직 노인 일자리 지원…… 중단……? 나는 주민센터를 나오며 존경하는 공무원분들께 모자를 벗어 인사한다.

2023년 1월 18일

한국전이 끝나던 때 광주, 좌우익에 대한 상호린 치의 여파로 태어나자마자 자신의 아버지를 여의 고 성인이 될 무렵 상경한 이래 수십 년간 플라스 틱 사출 공장에서 일해 왔으며 동남아시아 노동자 동료들과는 사이가 좋고 중국은 싫어하는 나의 아 버지. 그에게는 어느 정치인이 똑똑한가 안 한가가 중요한 판단 준거다. 적어도 설득의 영역에서는 그 렇다. 일테면 뭐 저 사람은 서울대를 나왔느냐 아 니냐, 대학은 어디 대학 나왔느냐…… 전에 나한테 우리 당 대표가 똑똑하냐고 물어봐서 '인성이 좋다' 고 답한 일이 있었다. 이쪽(?)은 그 사람이 똑똑한 가 안 한가는 별로 중요하지 않다, 다 그 연구소가 있고 정책으로다가 하는 거니까는…… 그런 얘기를 멍청하게 덧붙이다가 '어딘 안 그러냐' 해서 힘이 빠졌었다.

서산 시골 소녀 시절, 누가 시키지도 않았는데 혼자 베틀 앞에 앉아 쪼가리를 짜 봤다가 수재 소리를 듣고 역시 성인이 될 무렵 상경해 생의 반 정도는 미싱을 돌려 옷가지를 만지고 또 반 정도는 요양보호사로서 노인과 환자들을 돌보며 조선족 노동자들에 대해서는 어쩐지 호의적이면서도 근처에 무슬림 회당이 들어서는 건 매우 경계하는 나의 독실한 어머니. 'ㅇㅅㅇ을 찍느니 차라리 ㅅㅅㅈ을 찍으시라' 했을 때 어머니는 'ㅅㅅㅈ은 어쩐지 깡패 같아서 싫다'고 답했다. 이유가 재밌지 않은가? 깡패 같아서 싫다고. 그러면 내가 뭐 할 말 있나? 'ㅅㅅㅈ이 그래도 융통성이 있는 사람'이라고 그냥 등신 같은 소리 한다.

그러면 아버지는 옆에서 어쩐지 실드를 쳐 주는데('이쪽' 찍은 적은 없어도, 어쨌든 편은 들어줌), 그럴 때 꼭 '그래도 ㅅㅅㅈ이 똑똑하다'고, '그래도 똑똑해' 이러면서 실드를 친다. 그래 ㅇㅅㅇ을 찍느니 ㅅㅅㅈ을 찍어라 맞장구를 치면서. 그런 아버지는 ㅇㅈㅁ을 찍었고 기본소득에도 꽤 공감을 표하는 편, '우리 같은 사람들'은 이제 점점 살 방법이 없다는 거다. 그 말이 무슨 뜻인지 알 수 있는 이는 당연히 알 것이다. 그걸 모르는 이들과는 나부터가 이야기하기 어렵다. 방법이 없어 뵌다고 개새끼들아!1

　　한편 무슨 '노동의 가치' 같은 걸 높게 평가하는 쪽은 어머니다. 어머니는 ㅇㅈㅁ이 비열해서 싫다고 했다. 부하들도 몇이나 죽었는가…… 내가 보기에도 비열한 구석이 있는 건 사실이니까 이번엔 내가 옆에서 맞장구를 치고, 좀 그런 면이 있지…… 그러면 아버지는 아니라고, 뭐가 비열하냐고, 정치는 저렇게 해야 한다고 역정을 내다가 ㅇㅅㅇ 욕을 시작한다. 멍청한 놈. 멍청한 놈인데, 드는 비유가 묘하다. ㅇㅅㅇ은 당신 자신처럼 멍청하다는 거다. 그러면 이제 어머니는 기본소득 같은 류의 논의에 반감을 드러낸다. '일도 안 하고 무슨……' 이거다. 노조에 대한 생각도 유사한 맥락, 열심히 일하지 않거나 일터의 협동적 분위기를 해치는 사람들이 있는데, 목소리만 큰 사람들이 괜히…… 노조 하는 것들이란 즉 어머니한테는 그 뭐, 깡패 같은 녀석들이다. 그러면서도 전에 단체로 해고당했을 땐 다 같이 한국노총에 가입해서(민주노총은 '너무 좀 그러'니까), 서울 올라가 피켓 들고 시위도 해 보고 그랬지만, 별 아무 득도 도리도 없었고, 어쨌든 살아야는 하고…… 내가 군대에 있을 때 그런 일이 있었다고 들었다. 그런 일이 있었는데, 나한테는 꼭 뭐 일을 열심히 성실히 하라고 한다. 내 일이다 생각하면서 하라고. 어머니의 이야기도 물론 무슨 이야긴지 안다. 그거를 모르면? 그 또한 어렵다.

나, 부모님을 호강시켜 드리기는커녕 도대체 어떻게 된 것인지 문학을 배우겠다고 대학에 가서 교정공이 된 내가, 두 사람의 일을 이렇게 팔면서까지 하고 싶은 말은 뭐냐면, 참으로 우리가 우리를, 노동계급을 설득하려면, 지옥 같은 노동과 신성한 노동을 함께 이해할 필요가 있다는 것이다. 그것은 정치적으로는 각기 순정과 능력에 대한 모순적 기대로 드러나고, 역사 및 사적 경험에 의한 '다 돼도 저 새끼만은 안 돼'와 더불어 이리저리로 굴절된다.

그 뭐 요즘에 노조법을 개정하자는 이야기 많이 하는 것 같다. 대체로 사람들은 개털만큼의 관심도 없는 듯하지만(또 뭐 시위하나 보다~), 어쨌건, 정말이지 해야 합니다…… 해야 하는데…… 그런데 내가 보기에, 진실로 말을 통하게 하려면 우리가 이야기를 잘 해야 한다. 당연하다. 입에서 입으로 전해야 할 것이 있다. 물론 귀 기울이려면 기울일 수도 있겠지만, 하던 얘기 똑같이 하면 원래 듣던 사람들이나 듣는 거고…… 되던 일 이상을 하려면 하던 일 이상을 해야 한다. 그 뭐 지금 노조법이 노조 활동을 옥죄고 시대에 안 맞고 어쩌고저쩌고…… 그러나 지금…… 문제가 그것만이 아니다. 그렇게만 얘기해서 될 얘기가 아니다. 오늘에, 우리가 다시, 처음부터 모든 것을 다시…… 다시 처음부터…… 이야기해야 한다는 것이다. 즉 우리는 '노조가 우리에게 대체 왜 필요한가'부터 쌓아 올려야 한다. 오늘날 거기서부터가 무너져 있다. 그게 무너져 있다는 걸, 사실 제대로 쌓아 본 적도 없다는 걸 우리는 알아야 좋다. 아무래도 모르는 것처럼 이야기를 해서 나는 속이 상하고, 내가 말해야만 하겠다는 생각을 할 수밖에 없다. 그 동의부터를 만들어야 한다. 거기서부터 하자니…… 거기서부터 해야 한다. 노조가 왜 있어야 하는지 돌아가신 할머니한테 설득한다고 생각해 보자. 다시 말하지만 설득이다. 이런 식으로 생각할 수는 없다고 생각할지도 모르겠지만, 내 생각에는 설득력의 총체가 곧 투쟁력이다. 노동자의 권리가 어쩌고저쩌고…… 물론 맞는 말이지만, 그게 아니다. 할 수만 있다면 나는 '권리'라는 단어는 그냥 금지시킬 것이다. 무슨 권리? 만약에 우리 할머니 앞에서 내가 뭔 노동자의 권리 어쩌고저쩌고 얘기한다고 생각하면 그야말로 끔찍한 일이다. 단어 두어 개에 기대어 갖고…… 그렇게 되지 않는다. 인간들을 주댕이로 일으켜 세우는 일이…… 주댕이로 못하겠으니까 대가리 깨 달라 들이밀어? 순정으로 증명해? 지금 껏 그런 역사였다고 생각이 되고, 이제 정말로 그 뜻을 드러내지 않고서는 더 나아갈 수 없는 때라고 생각이 된다. 이해시킨다는 것은 이해해 달라고 하는 게 아니라 이해한다는 것이다.(이해하세요) 당연한 이야기, 했던 이야기를 더 핏대 세워 더 울분 섞어 해야 한다는 말이 아니다. 울분착즙…… 그거는 그냥 가만히 있어도 사방상하에서 거들어 주는 거, 더 뭐 눈에서 나올 거도 없어요. 사실 이제, 좆 같죠…… 그러니까 그 눈물 나고 원통한 모양새를 얘기하는 데에만 힘쓸 것이 아니고, 그와 함께할 여론전의 감각을 우리가 같이 만들어 가야 할 필요가 있다는 거다. 왜 그 감각을 잃은 듯이(아니면 처음부터 없었던 듯이) 보이는지? 그것은 기댈 데를 점점 잊었기 때문이 아닌가? 기댈 데가 뭐야? 구체성으로부터 나오는 전망, 상상을 가능케 하는 전망을…… 세계에의 개입을 이룰 수 있는 세계관, 그 성질상 혼자만의 것일 수 없는 것을……

여기서 멈추면 내가 싫어하는 론평가들처럼 되는 거니까, 그래서 노조가 왜 필요한가 나름의 생각으로 이야기해 보겠다. 야 너 이렇게 해라 저렇게 해라 지적하는 것이 내가 하려는 일이 아니다. 너는 이걸 틀렸다 저걸 틀렸다, 그것도 아니다. 우리가 해야 하는 일이 절대 그게 아니고…… 남한테 이래라저래라 하고 싶은 일, 그게 바로 우리가 해야 할 일이다. 그거 누가 하냐, 우리가 해야 된다…… 꼭 좀 알아주세요…… 뭔가에, 뭐 내가 이렇게 줄줄 쓴 것에라도, 뭔가 동의하지 못한다면, 그렇다면 어떻게 하는 것이 좋겠는지를 이야기하기…… 그렇다면 어떻게 할 것인지를…… 너를 어떻게 해 버릴 말을 찾는 게 아니라…… 그렇다면 우리가 어떻게 할 것인지를……

⑴ 이제는 사업 운영도 민주적으로 해야 한다. 민주가 뭐냐, 여럿이서 얘기를 해 갖고 한다는 것이다. 한 사람이 딱 끌고 가는 게, 어느 시점까지는 뭐 효율적일지 몰라도, 점점 경제 규모가 커지고 복잡해지고 얽히고설키면서 어느 순간부터는, 하

던 대로 독재를 했다가는 사고가 꼭 나고 위험해지고 그러기 마련이다.(수많은 예시들) 이제는 뭐가 망하면 그것만 망하는 게 아니라 와르르. 이게 우리 나라만의, 심지어 인간 사회만의 일도 아니다. 지구도 와르르 무너지고 있다. 뭔지 알죠? 왜냐면 세상은 같이 쓰는 것이기 때문이다. 아무리 누가 독차지하려고 들고 독차지할 수 있는 것처럼 보여도, 절대 그렇게는 물리적으로 안 된다. 반드시 탈이 난다. 탈이 나고 있다.

　(2) 사업이 민주적으로 되기 위해서는 회사와 그냥 한 몸이나 마찬가지인 오너나 경영인이 그냥 모든 걸 다 그 저시기 하게 두는 것보다도, 직접적으로 실무를 하면서 사업을 가동시키고 회사 바깥에서도 생활을 꾸리는 노동자들이 꼭 사업에 참여해야만 한다. 그냥 서로 받는 만큼만 일하고 그래서는 뭐가 되려야 되질 않는다. 근데 또 실은 뭐냐면, 사업주들이 그렇게 하도록 노동자들을 몰아붙이고 있는 거다. 실제로 주인이 아닌데 왜 주인의식 갖기를 바라나? 실제로 주인으로 만들면 싫어도 주인의식이 생긴다. 실제로 주인이 된다는 거, 사업에 참여한다는 거는, 말하자면 사장님이건 뭐에건 노동자가 얘기를 할 수가 있어야 된다는 것이다.

여럿이 얘기를 해야 한다는 것이 숫자로 밀어붙여야 한다는 얘기가 아니다. 약한 쪽이 얘기할 수 있어야 한다는 거다. 약한 쪽이 어디냐? 노동자들이 이랬으면 좋겠다 저랬으면 좋겠다 얘기를 하려면 정보를 딱 투명하게 공유받으면서 눈치 안 보고 아닌 건 아니다 의견 낼 수 있어야 하고, 그거를 위해서 있는 제도가 바로 노동조합이다. 왜 그걸 기업이며 나라가 죽어라 때리느냐,

(3) 지금 당신이 노동을 하면서 느끼는 우리나라 노동의 제일 문제가 뭐냐, (그 뒤는 재주껏 물들여 가……)

신발을 끄는 녀석들이 있다

우리는 집중을 요하는 종류의 노동을 한다. 우리의 일에는 많은 대화가 필요하지 않다. 대화는 방해에 더 가깝다. 키보드와 마우스, 프린터, 어쩔 수 없는 전화통화 소리 등을 제외하면 사무실은 조용하다. 말 시키지 마세요…… 그런데 이 조용한 일터에서 신경을 매우 거슬리게 하는 소리를 내는 딱 세 사람이 있다. 오갈 때마다 슬리퍼를 끌며 귀를 긁어 놓는 그 셋, 공교롭게도 그들은 모두 관리자다. 다른 사람들은 그러지 않는다. 신기할 정도로 그 셋만 한사람처럼, 지금 이 소리를 잘 들어 두라는 듯, 내가 지금 지나가고 있다, 내가 지금 움직이고 있다는 걸 알아 두라는 듯 군다. 이상한 일이다. 그들과 우리는 나이로도 성별로도 구분되지 않는다. 그들은 관리자일 뿐이다. 그렇다면 왜인가? 그저 발이 무거운 사람들이 우연히 관리자가 된 걸까? 아니면 발이 무거운 종류의 사람만이 관리자가 될 수 있는 걸까? 발의 무거움과 관리자가 되기 위해 필요한 성향 사이에 어떤 유전자적 연관이 있는 걸까? 어쩌면, 정말로 자신의 움직임을 알리기 위함일까? '발 끌기'는 필요에 따른 관리 업무의 일환일까? 하지만 그런 식으로 생각할 수는 없고 수긍할 수도 없다. 그들이 무릎을 더 높게 들지 못하도록 방해하는 힘은 도대체 무엇일까? 그 힘에 맞설 힘, 일테면 그들이 무릎을 더 높게 들도록 만들 힘이 필요하다고 하면 어떨까? 하지만 어떻게? 칙 칙 칙 칙 소리가 들릴 때마다 한 문장씩 떠올려 나는 다음과 같이 쓴다……

어쩌면 이 신비에는 보다 미묘한 역학이 있는지도 모른다. 혹시 실체는 그 반대가 아닐까? 신발을 끄는 편이 더 자연스러운 일인데, 다만 '눈치를 보는 이들'만이 관리자들을 반면교사로 삼아 발을 끌지 않는 거 아닐까? 누가 먼저랄 것도 없이, 발을 끌지 않는 묵약이 우리 사이에 작동하고 있는 것이라면? 눈치를 보느라 그런 게 아니라, 혐오스러운 녀석들과 스스로 구분되기 위해, 혐오스러움을 양각하기 위해? 이런 상태는 작지만 고약한 불행이다. 우리에게나 관리자들에게나 그렇다. '나한테 일 시키는 사람'이 무조건 싫어지는 이 구조를 좀 움직일 방도가 필요하다. 그게 내가 느끼는 사태다. 괜찮은 일터를 위해서다. 내가 여기에 몇 시간을 있는데…… 괜찮은 일터라는 건 뭔가? 임금, 노동 강도, 노동 시간, 여러 가지로 얘기할 수 있겠지만, 참여가능성으로 나는 정리하고 싶다. 일이라는 총체와 나 사이의 관계가 종합적으로 수긍할 만한가? 나의 수긍 여부가 일터의 요소들 중 하나로 주요하게 다뤄질 수 있는가? 너와 내가 어떤 직무와 직급을 맡고 있더라도? 너와 내가 어떤 노동을 하고 있더라도? 관리자들의 신발 끌기는 수긍하기 어렵다. 그 이유가 그들에게 있건 우리에게 있건 그렇다. 나의 이 의견은 적어도 그들의 보행 습속의 지속보다 주요하게 다뤄져야 한다. 개입할 수 있어야 한다. 나는…… 일터에 참여해야 한다…… 일터는…… 민주화되어야 한다…… 나의 정신을 좀먹는…… 일터는…… (칙 칙 칙……)

그들의 잘못이 아닌 것이다. 그들의 잘못만으로 둘 수는 없다. 그들이 잘못을 독점하게 둘 수가 없다. 관리자들도 일터의 동료다. 동료가 아니라면 동료가 되어야만 한다. 하지만 어떻게? 방법을 찾아낼 필요가 있다. 어떤…… 지금 무슨 방도가 있지? 공공에 호소? 디지털대자보 같은 것을 쓴다……? 관리자…… 신발 끌기…… 철폐? 캠페인……? 킹론화(인민머법원)는 우리의 최종심급이다. 이 사안에서 그럴 수는 없다. 그 바로 밑의 하급심은 아마 노조를 통한 협상과 쟁의, 또는 어떤 종류의 법적인 신고일 것이다. 하지만 그 역시 큰일이다. 신발을 그만 끌게 하는 정도라면 그 아래에 뭔가 있어야 한다. 역으로 가장 낮은 단계로 가보면? 일터에서의 잡담이나 한숨, 우정보다는 가벼운? 동료애? 같은 것들일까? 어쩌면 신발을 끄는 녀석들에 대한 험담을 할 수도 있을 것이다. 그건 속은 좀 시원해질지 몰라도 녀석들이 신발을 그만 끌게 하는 것과는 아무 관련이 없다. 가장 위와 가장 아래 사이가 비어 있다. 일터를 위한 규약이랄지 구조랄지 뭐라 할지…… 진실로 필요한 바로 그 부분이 비어 있다고 나는 느낀다. 그리고 그 비어 있음이 위아래로 문제를 뻗치며 위아래로도 문제를 만들고 있다. 적어도 여기서는 그렇다. 어쩌면 필요한 것은 평등한(즉 상향식) 의사 표현 구조일 것이다. 그래, 분별이 있는 대화가 필요하다. 대화 양식이. 회의 시간? 하지만 그걸로 정말 되나? 아닌데…… 회의는 고통인데…… 건의라는 것은 어떻게 가능해지는가? 평등한 의사소통은 어떻게 가능해지는가? 그건 말만으로 가능한 일이 아니다. 모두 말높임/말낮춤 같은 소리는 말고, 또 개개인들의 능력으로 치환되지 않도록 하면서……

　　의사소통이 평등하려면 실제로 평등해야 한다. 그렇담 '실제로 평등'이라는 게 그러니까 구체적으로 무슨 뜻인지 대답하지 않을 수 없다. 어떻게 해야 실제로 평등해질까? 고치려면…… 이걸 고치려면…… 힘이 나뉘져야 한다. 어떻게 힘을 나눌 수 있나? 진실로 필요한 건 대화가 아닐 수도 있다. 어쩌면 임금 평탄화다…… 직무 순환이다…… 선출 대표다…… 그거면 되나? 그 정도면? 하지만 사내에서만 그래서는 곤란에 빠진다. 그것은 전염되어야 한다. 평등은…… 사내와 사외의 경계는 더 흐려질 필요가 있다. 하지만 언제나 그렇듯 최악의 버전과 최선의 버전이 동시에 존재한다. 경계의 흐려짐도 그렇다. 발을 끈다는 게 꼭 나쁜 일만은 아닐 수도 있다. 그렇다면 나는 관리자들이 신발 끄는 소리를 듣지 않아도 되는, 외주 교정자가 되어야 하나? 고치려면…… 이걸 고치려면…… 우리는

이미 곤란에 빠져 있다. 진실로 고쳐지길 기다리고
있는 것은 제도만이 아니다. 그것은 제도들의 바로
위와 아래에, 앞에, 뒤에 있다…… 무릎을 들지 못
하게 만드는 힘이건 더 높이 들게 만드는 힘이건
힘이 구성되는 방식이 바뀌어야 한다. 좀 뜬금없지
만, 노인성 질환으로 발을 끌던 우리 할머니 생각
이 난다. 할머니는 지금 납골당에 계시고…… 명
절 때가 되면 엄청난 수의 사람들이 몰려든다. 칸
칸이 들어찬 함들 앞에 서려고 그 수많은 사람들이.
그래…… 다 관계가 있어…… 나 교정공이 보기에
는……

2023년 3월 24일

최저임금 적용 없는 외국인 가사도우미 입법시도. 이것이 바로 '억압받는 이들이 스스로 구한다'고 하는 좌파적 초-핵심 본령(단어 '존엄권'의 실체)을 포기해 버린, 이른바 자칭 생활진보정치, 기술적 직업 정치의 한 결말, 다른 모든 것을 희생하더라도 자본주의 핵심만은 건드리지 않으려는, 시장에 정치를 외주 맡긴 다음 문제를 '자연스럽게' 해결했다고 주장하려 드는 그런 쓰레기 정치의 한 결말, 또 다른 극단이 아닌가? 문제가 해결되질 않는다며 오로지 문제 해결에만 집착하면 이리 되고 마는 것이 아닌가? 역사적으로도 온갖 개새끼들이 나와서 자기들이 문제를 해결할 수 있다며 온갖 개짓거리를 벌였다. 진실로 문제를 해결할 수 있는 것은 그런 구분되려는 이들이 아니다. 우리가 바로 문제 그 자체다. 백 번, 백 년 기억해야 할 것…….

한국인 인구가 감소한다면 다만 외국인노동자는 더 많아질 것이며, 이미 그렇게 되고 있다. 노동에 대한 이 나라의 혐오는 점점 더 커지고 있고, 노동은 기대와 전혀 달리 제거할 수 없기 때문이다. 노동의 종식이 가능하다는 것은 망상이다. 또는 SF다. 나도 나름 에셉애호충이다. 내 머릿속도 망상으로 가득하다. 나는 몰라도 이 말은 들어도 좋다. 노동은 그저 재분배된다. 노동? 물론 제거하고 싶죠…… 거미줄처럼 얽혀 만사 위에 내려앉은 노동을, 제거하고 싶은데, 당연히 제거하진 못하고, 다만 어떤 이들은 거기서 벗어나 있다는 사실을, 단지 벗어났을 뿐 아니라, 여럿으로부터 적극적으로 짜냄으로써 벗어나 있다는 사실, 그 자신 정신병적으로, 한 인간으로선 이미 무한히 누리고 있음에도, 점점 더 무한히 자신만의 자유시간을 여럿으로부터 짜내려 한다는, 다시 말해 몫을 넘어 지배하려 든다는 사실을, 노동으로부터의 자유는 다름 아닌 노동자 자신들이 결정할 수 있어야 한다는 사실을, 합심으로 은폐하려 들 따름…… 심지어 그 어떤 이들의 자리에, 이제 인간마저 없어지려 하고,

그야말로 자동으로, 즉 자본가마저 자동화되어, 엄연히 존재하는 노동을 아예 없는 듯이 치워 버리려고…… 저 바깥으로, 저 밑으로, 외주로, 외국으로, 노동자화하고, 노동자를 변신시키고, 변장시키고…… 노동 그 자체에 내재된 자존을 노동으로부터 분리시켜, 노동은 다만 혐오스러운 것으로 주저앉히는 그런 일은, 환율이 허락하는 한, 경계들이 존재하는 한, 편재하고 편재하는 인세지옥들이 허락하는 한, 다시 말해 '그 조건들을 만들어 내는 한' 가능하고 또 일어나려 할 텐데, 어떤가?

배앓이, 체념, 노예근성, 증오, 냉혈 냉소, 우울, 불안을 재생산해 내는, 몰아주기 복불복 게임을 우리는 중단해야 한다. 내가 보기에 이 시점 노동혐오와 싸우는 것은 우리의 정확한 과제다. 노동 혐오? 어떠세요? 지금 머갈통 속에서 '노동자' 이미지 어떠세요? 노동에 대해서 주뎅이 어떻게 놀리고 다니세요? 아니면 속으로 무슨 생각이세요? 노동자 되는 미래 어떠세요? 노동자 되기 싫으세요? 아, 본인이 노동자세요? 지금 미래에 대해 어떻게 생각하세요? 노동자인 미래 어떠세요? 노동자였던 과거 어떠세요? 어떻냐면 총체적으로 개 좆같다는 것이다. 노동에 대한 필요가 엄연히 존재하며, 그 필요에 들어가 노동하고 있는 사람들(즉 우리)이 있는데도 말이다. 누군가는 그 일을 해야 한다, 그 일이 누군가를 기다리고 있다, 그 일을 하는 것이 바로 우리다. 그런데도 우리는 매일매일 모욕받고 있다. 내가 노동하기 때문에 모욕받고, 내가 노동하기 때문에 모욕한다.('나처럼' 노동하지 않는다는 이유로?) 이런 상황은 절대로 좌시해선 안 된다. 노동혐오와 싸운다는 것은 그러니까 뭔가? 그것을 우리는 정체성 정치로부터 배울 수 있다. 배워야 한다. 또는 떠올리거나, 게워내듯……

　　가끔 가다 자칭 좌파들의 '소위 정체성 정치 비판'과 마주친다. 킹체성 갓치…… 이미 수차례 썼지만 그런 모양은 나를 낙심시킨다. 보통 어디서 데이면 그러던데…… 뜨거운 것을 피하려다 차가운 똥통에 빠지는 일을 경계해야 할 것이다. 나는 적잖게 보고 있다. 특히 요놈의 인터넷 오늘날, 읽기도 쓰기도 말하기도 듣기도 이전과 다른 일이 되어 가고 있는 오늘날, 내외부가 점점 희미해지는 오늘날, 생각과 글이 구분되지 않는 오늘날, 과거와 현재가, 책임과 도주가, 부정과 실천이 뒤섞이고 있는 오늘날, 너와 내가 구분되지 않기에 너와 나를 더 안간힘으로 구분하려 들면서, 점점 더 너와 내가 구분되지 않는 오늘날엔 특히 그렇다.(새겨 들으시고) 오늘날엔 거의 누구나 비판이라는 환영에 사로잡혀 있다.(내가 지금 이러하듯) 내 생각에는, 곧 재가 될 나이가 아니라면, 일테면 80세 미만은 정체성 정치 비판 금지다. 우리는 우리(감히 우리라고 써도 되겠죠?)가 먼저 하려 했던 것이 노동자 정체성 정치라는 것을 알아야 좋을 것이다. 먼저 우리가 미끄러졌다는 것을, 그들의 실패는 우리의 실패에 의한다는 걸 알아야 좋다. 내가 뭘 모르고 있나? 우리의 실패는 우리의 실패에 의한다. 그들이 이리로 와야 하는 것이 아니다. 우리는 우리의 말을 우리의 말로서 생각해야 한다. 그것은 자신의 개성을 지켜 내야 한다는 환상이 아니다. 분연히 다른 개성이 되는 상상이다. 틀린 말의 더미를 움직이는 상상이다.

현실, 엉덩이가 무겁기 짝이 없는 보편, 을 견인할 수 있는 전망, 그것을 제시하지 못하는 한, 프라이드는 섹트주의로 굴절되고 '당하는 처지'를 연료로 삼아 반항적인 자세에 머물며 고립되는 것을…… 그리고 그 고립이 바로 방임으로, 힘의 논리의 득세로 이어져 온 바로 그것이라는 것을…… 우리는 인정하게 된다. 누구 다른 사람들 얘기가 아니라 우리 얘기다. 그런 뜻에서 우리는 서로를 가르치고 배워야 한다. 다시 말하는 방법을. 드러내는 방법을. 나나나니혐오를 멈차라고 외치는 그 이상이 필요하다면 그것은 뭔가? 혐오를 멈추라고 말해 보는 것이다. 정말로 문제를 해결하려면? 우리에게 능력의 시험이 아니라 평등의 시연이 필요하다고 했다.(내가 했다고요 내가) 소수자라는 불꽃은 모두에게, 모두에게 있다.(진짜임) 마찬가지로, 우리는 합심으로 노동을 나눠 가질 필요가 있다. 협동을 잘 하자는 말이 아니다. 우리는 이미 피할 수 없는 협동에 엮여 있다. 불꽃으로 엮인 듯이. 그러나 우리의 협동은 감춰져 있다. 필요한 것은 드러내는 일일지도 모른다. 표현을 뜻하는 게 아니다. 드러내는 실질을 만드는(궤변 아님) 일, 우리는 그 일을 안 하고 있나? 우리는 그 일을 하고 있다. 아직, 아직 자신을 충분히 드러내지 않았을 뿐……

2023년 4월 25일

From, 블로그씨
블로그씨는 날씨가 흐리면 기분까지 꿀꿀해지네요.
우울함을 떨칠 수 있는 나만의 방법이 있나요?

우울에는 여러 까닭이 있다. 개인사 관련, 날씨와 절기 관련, 신체 관련, 정세 관련, 낡은 것은 갔는데 새로운 것은 아직 오지지 않은 상황(30년째), 기타 등등…… 까닭 찾기가 중요한 게 아니고, 그것들이 모여 손 모아 "GAME TIME WOO!" 하는 것이 종합으로서의 우울함이다. 그런데 왜 갑자기 우울함을 떨칠 수 있는 나만의 방법을 묻는 걸까? 이것은 평소 네이버 핫토픽 스타일 질문은 아닌 것 같다. 담당자의 권한이 생각보다 막강

하기에 이 정도 즉흥적으로, 그냥 오늘 날이 흐리니까 생각 닿는 대로 이렇게 질문을 쏠 수 있는 걸까? 아니면 쟁여 둔 질문 목록 중에 있었는데 마침 흐리고 일도 하기 싫은 날에…… 또는 평소에 담당자(들)가 이래저래 우울함을 느끼고 있던 차에 좋은 핑계가 생긴? 팀이 다 함께 동의할 수 있을 정도로? 어쩌면 담당자나 팀 따위 없고 블로그 사용자들의 우울함 토로가 빅데이터적으로 쌓여 짠 해서 뾰롱 하고…… 좌우지간 이 주제에 대해서라면 할 말이 있다. 내가 예로부터 우울함을 떨치는 데 애용해 오며 기회 있을 때마다 알리기도 한 방법……

그것은 이른바 투썸즈업 요법인데, 한국에서 '따봉(Tá bom)', '엄지척'으로도 알려진, '주먹을 쥔 상태에서 엄지손가락만 쭉 편 손 모양'을 양손으로 만드는 것이다. 양 엄지-주먹은 각각 안쪽으로 모아(네거티브)도 좋고 바깥쪽으로 펼쳐(파지티브)도 좋고 앞으로 밀어(포워드)도 좋고 당겨(백워드)도 좋으며 하늘을 가리켜(셀레스티얼)도 좋고 안팎으로 돌려(오비탈)도 좋다. 또 뭐 팔꿈치를 들거나 붙이거나 양손 높이 전후를 맞추거나 달리하거나…… 어쨌건 이 요법은 하는 게 어렵지(하고 싶겠냐고요), 일단 하기만 하면 급성 우울에 단연 좋다. 그냥 갑자기 해도 좋고 평소에도 해 주면 좋다. 공공장소에서든 혼자 집에서든, 그냥 걸어가는 중에 아닌 척 손모양만 해도 좋고, 주머니에 손을 넣은 상태로 해도 좋고, 화장실에서 해도 좋고 밥 먹으면서 해도 좋고, 하여간에 즉효가 있다. 손, 팔, 엄지손가락 등이 없는 경우라면? 각자의 답을 찾는 수밖에 없겠지만 조심스럽게 해 볼 수 있는 제안으로는, 한쪽이 없어도 마치 투썸즈업을 한 것처럼 다른 손과 함께 앞으로 뻗(미라지)거나, 이도저도 아니면 양발로(핏썸즈업), 엄지가 없을 때는 새끼만 쭉 편 한쪽 팔을 귀 옆에 붙여 쳐드는 요법(스폰지밥 요법-피뢰침) 등이 있다. 어쨌든 이 요법에서 가장 중요한 부분은 지금 이 순간에도 어딘가에 이 요법을 사용하고 있는 다른 사람들이 있다는 사실(하이퍼커넥션 가설)을 믿는 것이다. 아니면 그 반대로 믿어도 된다. 지구상의 특정 밀리초 중에는 나 혼자만 이 요법을 사용하고 이 요법을 사용하고 있는(투썸즈업 할당 가설) 듯이. 네이버 블로그 담당자에게든 팀에게든 AI 질문생성기에게든 모쪼록 도움이 되기를 빕니다.

불타는 들판

어떤 이들은, 아니 생각보다 많은 이들이, 맞춤법이나 띄어쓰기 따위가 그렇게까지 중요한가 묻곤 한다. 말은 시대를 따라 변화하는 것이며 언중은 어쩌고…… 그들에게 반박하고 싶은 마음은 추호도 없다. 좋아요, 개추, 공감, 하트 등등을 받고 싶은, 그리고 욕심 많게도 반박까지도 받고 싶어하는 그들의 내심이 그들의 말글에서 반짝반짝 읽힌다. 그들의 눈이 반짝거리고 있다. 그런 세상이다. 그들의 잘못이 아니다.

이런 세상이다. 넓고 마른 들판이다. 들판이 어디서 끝나는지는 모른다. 끝나기는 끝날 것이다. 강을 만나거나 산을, 절벽을 만나면서, 도로를 만나거나 마을, 도시를 만나면서 끝날 것이다. 어쩌면 들판은 시간적으로 끝날 수도 있다. 어디서 끝나느냐보다 언제 끝나느냐가 중요한지도 모른다. 이 들판은 지금 불타고 있는 들판이다. 반년 뒤나 몇 개월 뒤면 잿더미가 되며 끝난다고 해 보자. 이 불타는 들판을 갈피 없이 이리저리 뛰어다니며 불을 끄려고 하는 동지가 있다. 이 동지가 들판의 끝을 잘해야 1분이나 늦출 수 있을지 모르겠다. 동지의 주변에 다른 이는 없다. 다른 이는 그 동지의 머릿속에 있다. 들판의 끝이 미래에 있는 것과 같다. 머릿속의 그 동지는 뛰어다니는 그 동지에게 이렇게 묻고 있다. 이 들판이 뭐가 중요합니까? 그냥 타게 두십시오! 동지는 양동이를 들고 머릿속으로 소리를 지르면서 불을 끄러 뛰어다니고 있다. 나에게 제발 그것을 묻지 마라! 왜 불을 끄려고 하십니까? 제발 그것을 묻지 말고 꺼져라!

2023년 9월 25일

923 기후정의행진에 다녀왔다. 가이드 깃발은 대단히 필요치는 않았지만 일단 내 기분은 좋았다. 친구들과 조촐하게 5인 일행을 구성. 지인만 10인을 목표로 해 봤지만 그렇게 되지 않았다. 데모에 갔을 때 반드시 해야만 하는 생각: 데모에 오지 못한, 오지 않은 이를 대신하여 데모에 있기. 왜 오지 않았느냐는 식의 한을 품거나 하면 아주 완전히 반대로 엉뚱한 맘을 먹는 것이다. 이거를 기억해야 한다……고 연속 생각했다. 죽은 다음까지도 기다려라…… 먼저 간 이들이 이미 그렇게 하고 있듯…… 우리를 파견한 이들을 위해……

집회에서는 일본에서 온 탈핵네트워크활동가와 화력발전노동자의 발언이 좋았다. 아마 그런 이야기를 끈질기게 찾아낼 필요가 있을 것이다. 우리를 우리 가운데로 건져 내는…… 화내는 사람에 머물기를 포기시키고 낙담한 사람으로 머물기를 넘어뜨리는…… 데모라는 시연장은 어려운 문제다. 그 바깥에 있는 사람에 대해서도 그렇지만 특히 거기 있는 사람에게 그렇다. 그곳에 있다는 것이 어렵고, 가서 뭔가를 보고 듣기가 (물리적으로) 어렵고, 보고 들은 것이 맞는지 어떤지 판단하기가 어렵다. 도대체 무엇을 위해 모인단 말입니까? 어려움을 위해서다.

행진은…… 종합적으로 말해 '잘 통제되었'다. 이것은 좋은 뜻은 아니다. 수도 적은데 스스로를 통제하지 못하면 그저 통제를 당하는 모양이 되는데, 그렇게 되었다. 어린이 참가자를 생각하면 차라리 나은 일? 앞 반절은 종각 방향으로, 뒤 반절은 용산 방향으로 간다……고 했지만 앞 반절 꼬리에 있다가 잘려서 뒤 반절로 붙어야 했다. 우리는 계획에 없던 용산으로의 행진(이 코스 자체가 좀…… 여기로 갈 거면 다 같이 가야 하지 않나?)을 했다. 드러눕기도 뭔가 알 수 없는 위치에서 이루어졌다. 행진은 삼각지에 닿지 못하고 멈췄다. 막으면 그냥 막히는 행진. 어쩌겠나. 지나가며 행진 포스터 붙인 상점 하나를 본 것은 좋았다. 빨간불이니 빨리 건너가라고 소리 지르며 휘휘휘휘 호루라기 부는 경찰들……

이런 연례 일발 집회에는 역시 한계가 있다. 좀 더 생활운동적인 상례화로 나아가는 것도 좋을 것 같다. 준비 과정에서 우리동네 거점들, 이런 것을 모으고 또 공유하는 건 아주 좋았고, 큰 힌트다. 부담 없이 들어가서 포스터 받을 공간이 어쨌거나 존재한다는 것은 나 같은 사람에게는 적잖은 위안이 되었다. 상점에 들어가기는 쉽고 사무실에 찾아가기는 어렵다. 모든 것을 책임지는 것이 아니다. 책임을 나누는 것이다. 쉬운 것에서 어려운 것으로, 어려운 것에서 쉬운 것으로. 메시지는 사수하되 문턱은 부숴 버려야 한다. 기후정의줍깅회? 기후정의산책회? 기후정의앉기회? 눕기회? like 새마을운동…… 혼란한 생각들.

교정공으로서는 피하고 싶어도 피할 수 없는 애증의 장소, '온라인가나다'는 국립국어원 누리집에 딸린 게시판, 아니 전쟁터다. 어문 규범, 어법, 표준국어대사전의 내용 등에 대해 국립국어원에 직접 문의하고 답을 받을 수 있는 곳. 대화 형식의 설명이 필요한 어문 규범이 반드시 있고, 그 대화라는 건 대체로 혼란스럽고 고통스럽다. 인간의 말이 아니라 개 짖는 소리만으로 개의 짖는 소리를 묘사하려 한다면 어떨지 상상해 보자. 멍멍! 한 다음 월월! 하는 것이다. 온라인가나다의 매일매일은 전쟁터다. 언어는(한국어는?) 수천만 마리의 개다. 그 속성상 각축할 자리가 끝없이 있어 왔고 또 생겨난다. 그 최전선의 양상은 아비규환일 수밖에 없다. 검색하면 나올 질문을 또 하고 또 하며 무한히 반복할 것만 같은, 무한한 것만 같은 수의 사람들, 자신이 무엇을 묻는지 모른 채 뭔가를 묻는 사람들, 이건 왜 이렇고 저건 왜 저렇냐고 한국어 그 자신이 와도 답하기 곤란한 질문을 하는 사람들(왜 우리는 우리인가!), 그리고 언어라는 미로 속에서 눈떠 버린, 인터넷을 떠돌다 '국립'이라는 이름의 빛에 이끌려 온라인가나다를 찾아와 자신만의 특색 있는 언어 이론을 전개하는 괴인들…… 한국어 사랑꾼(얀데레)들…… 그리고 마지막으로 그 모든 질문에 반드시 어떤 식으로든 답을 해야만 하는, 국어의 지난날과 앞날의 진창 속에서 되든 안 되든 뭔가를 어떻게든 해야만 하는, 모니터 너머의 누군가(들?), 그들의 초인적인 인내력, 또는 한번 들여다보고 싶은 답변 양식 목록……

최근 '유모차(乳母車)'라는 단어를 '유아차(乳兒車)' 또는 '아기차'로 순화하여 쓰자는 캠페인에 대하여, 일군의 반페미니즘 성향자들이 이 온라인가나다에 찾아가 단체로 따지고 있는 광경을 보았다. 이를 두고 '이 정도면 정신병 아니냐'라든가, '정신병을 욕으로 쓰지 마라'거나, '쟤들은 나쁜 거지 아픈 게 아니다'라든가 하는 이야기들도 트위터에서 보았는데…… 나 교정공의 입장에서는 어떨까? 멍청, 무능, 무력, 무지, 저능…… 이런 단어들은 뭔가를 욕할 때, 특히 적들을 욕할 때 동원되는 단어들 중 특히 맘이 아픈 것이다.(맘이 아프지 않은 이와 대체 어떻게 이야기할까!) 어쩌면 바로 그래서 악이란 것이 고안되지는 않았을까? 악은 우리와 저들의 저능을 달리 보지 않으려는 상냥한 마음 때문에 필요했던 건지도 모른다. 마음이 아프니까, 차라리 악한 편이 좋다는 거다. 그들, 아마도 인생에서 처음으로 온라인가나다를 방문해 봤을 일군의 반페미니즘 성향자들은 내게 환상소설 속 악역을 맡은 사교도들처럼 보인다. 특정한 종류의 집단적 망상에 시달리고 있는 사람들이 서로에게 속삭인 끝에 드디어 전면에 나서서 뭔가를 소환하려고 한다. 그런데 여기서 그 소환은 현실에 뭔가를 가져오는 식이 아니라 변화하는 현실을 가로막으려는 식이다. 즉 환상과 달리 이 현실에서 현실은 이미 소환된 것이다. 그래서 환상을 환상이라고 부르는 것이니 당연하다. 하지만 그들은 이미 뒤집혀 묘사된 환상을 다시 뒤집어, 변화하려는 현실을 사교도적인 것의 자리에 놓고 있다. 바로 이 구조가 그들을 사교도로 만든다…… 그리고 그들이 우리에 대해 갖고 있는 생각이 그와 같다. 이런 광경은 화도 나지만 슬프기도 하다. 그들은 마치 빨려 들고 있는 것처럼 보인다. 그들의 얼굴은 과거를 향해 잡아당겨지고 늘려진다…… 쭈욱……

교정공이 되어

사회주의나 공산주의라는 단어가 어떤 식으로 취급되어 왔는지 알기 때문에 페미니즘이란 단어가 똑같은 식으로 취급당할 때(즉 오늘날)에도 역시 속이 쓰리다. 속이 매우 쓰리고…… 반대하려는 이들이나 비판하려는 이들이나 옹호하려는 이들, 적아와 편편 모두에게서도, 당연히 나 자신에게서도 같은 실수들이 같은 형식으로 반복되는 것이…… 맘을 매우 침침하게 만든다. 반복이 되고 있다는 것이…… 이 답답한 마음…… 한없이 답답한…… 항상 답답합니다 나는……. 그러나 결국 세계를 바꿔야 한다는 이야기를, 몸짓으로는 할 수 없기 때문에 이전의 단어(이전의 세계에 엉겨 붙은)는 버리고 욕하며 새 단어를 주워 들고, 또 새 단어를 주워

들고…… 옛날에 버린 거를 다시 바꿔서 들고……
이건 그야말로 증상이다. 단어는 언제나 너무 많
은 짐을 짊어진 채 욕을 먹어야만 한다…… 왜 언
제나 너무 많은 짐인가…… 욕하고 싶은 것은 사실
단어가 아니기 때문이다…… 심지어, 욕하고 싶어
하는 것은 진정으로 욕하고 싶은 것도 아니기 때문
이다…… 그런데 심지어 이것은 단어만을 둘러싸
고서 일어나는 일도 아니다…… 그리고 또한 도저
히 똑바로 보기 어려운 확신, 이런 답답함이 절대
나만의 것이 아니라는 확신이 있다. 이 구조는 일
테면 운동이었던 모든 일들 위로, 역사 위로 접혀
있다. 이것은 반복되는…… 신앙의 오류이자 위기
가 아닐 수 없다. 도대체 무엇이 중요한가? 아무 소
리도 하기가 싫다. 어쩌면 동시대 자본주의의 최대
난제는…… 문자(언어를 초과해 버린)가 가장 중요
한 문제인 것처럼 보이게 만드는(지금 내가 이러하
듯) 것인지도 모른다…… 또는, 아니면 따라서, (모
든 것을 문자화하면서) 문자의 문제가 전혀 아닌 것
처럼 보이게 만드는 것인지도……

문필공화국(멸망편)

우리가 오늘날 반드시 다시 탈환해야만 하는 '능력'
의 정의란, 약한 이가 나서는 데에 힘 모아 세계를
바꾸는 일에의 참여다. 그러나? 이상하다…… 힘
은 모았는데…… 힘을 모은다는 것은 이제 위험천
만하게만 보인다. 하? 분명 그게 아니었는데……
세계를 바꾸는 게 아니라…… 다만 이미 힘 있는
누구를 지키기 위해 모인 힘이 되어 버리고, 그저
힘 있어 보이는 누구를 꺾기 위한 힘이 되어 버리
고…… 개인들을 꺾기 위해 지키고 개인들을 지키
기 위해 꺾고…… 그저 그렇게 된 것처럼 보인다.
'세계를 바꾼다'는 것도 다만 어떤 녀석을 꺾는다는
것으로, 또는 어떤 녀석한테 조회수 모아 주고 돈
모아 주고 표 모아 준다는 것으로 전락해 버렸다.

그리고 아무래도, 아무리 봐도 이것은…… 내가 겪기 전부터의 반복임이 또한 분명해 보인다. 반복되던 일이었는데, 그런데 뭔가가 폭발한 것이다.

일테면 사람의 모임이, 다만 개개인을 꺾고 지키는 일을 향해 정렬되도록 하는 체계가 만들어진 걸까? 또는, 기록이 더 이상 뭔가를 대표할 수 없어진 걸까? 대표하는 글을 통해 보았던 과거와 달리, 만사가 온갖 방식으로 쏟아져 나와 언어를 초과한 문자로 저장되는 오늘날에, 단지 우리가 더 실제에 가깝게 체험하게 된 걸까? 직업상 당연한 일이지만, 내게는 이 일과 의사소통과의 관련이 특히 의미심장하게 느껴진다. 예전부터도 입 여는 이들이 있었고 오늘날에도 입 여는 이들이 있다. 그런데 입 연다는 것의 뜻 자체가 바뀌었다면? 모두가 입 여는, 바로 그 일이 상상과는 전혀 다른 방식으로 시작되었다면? 정보 생산성의 폭발이 모임-정치의 동작 방식(대의민주주의? 그게 뭐건) 자체를 바꾼 것이라면? 이것을 '대의(代議)'의 끊어짐이라고 해도 좋나?

오늘도 인터넷에서는 싸우고들 있다. 그리고 그 싸움을 현실에서 반복하고 있다. '누가 무엇을 어디서 어떻게 배우고 가르치고 있는가' 하는 부분에서 우리는 망했다는 거 아닐까. 모두가 모든 것을, 화면에서 화면으로. 이것은 마치 이끼들이 벌레들을 가르치는 꼴이다. '망했다'는 단어는 실제와 맞지 않을 수 있다. 그냥 느낌이 그런 것이지, 이건 누가 뭘 안 하고 못해서, 이전까지 잘 되던 일이 망해 버린 게 아니라, 환상 속에서나마 얼기설기 되는 것처럼 보였던 일이, 발명된 새로운 기록도구의 등장과 함께, 최대한 희망찬 뉘앙스로 말하자면, 비로소 현실에서 시작되려 하고 있는 것이 아닌가? 예를 들어 이렇게 말해 보자. 우리에겐 개헌이 필요하다. 근데 그게 또 아니다. 우리가 자신들을 자신들이 설득하고 교육하는 방법을 고안해 내지 못하는 한, 개헌이고 제3지대고 개나발이고 백번천번 무의미하다. 그런 일들의 운명은 장마철의 모닥불을 보듯 뻔하다. 역사로부터 수차례 보았다. 각자가 방언의 궤를 들고 각자 무리의 중심을 향해 치닫고 있는 와중, 말을 통하게 한다는 것은 이제 최대의 과제로 떠오르고 있다. 우리 앞에 놓인 무서운 사실은, 우리가 그런 일, 말을 통하게 하는 일, 가르치고 배우는 일을 해 본 적이 없다고 하는, 그리고 그 누구도 대신 그 일을 해 주지 않으리라는 것이다. 그 일은 무엇인가? 그 일은 어떻게 가능한가? 누가 그 일을, 대체 어디서 할 것인가? 그 일을 AI가 할 것인가? 어쨌건 그 일은 이미 시작되었다. 힌트는 실패뿐인 지난날에 별처럼, 아니면 개똥처럼, 분골처럼 흩뿌려져 있으며…… 이것이 바로 드디어 모습을 드러내고 있는 저 염병할 '문필공화국'이다. 멍멍!!!1 월월!!1

2024년 1월 3일

새해 첫날 오후에는 혼자 쓰레기산에 다녀왔다. 흐리고 황량한 풍경과 사람들을 구경하며 괜한 군것질도 하고 사진도 찍어 올렸다. 팔자 좋게. 작년엔 뭘 했지? 계속 일을 했다. 그리고…… 뭔가 한 듯도 하고 아무것도 안 한 듯도 하고…… 이제는 뭘 하지? 시작했으니 끝장을 봐야 할 글더미들…… 망해 가는 세상에서…… 입춘까지는 아직 시간이 있다…… 구정까지는 아직 시간이 있다…… 경칩까지는 시간이 있고…… 춘분까지는…… 식목일까지는…… 메이데이까지는……! 올해 메이데이가 어떤 메이데이일지 벌써부터 두렵다. 정확히는 올해의 총선이.

  일단 신년사를 쓰자, 싶어 작년, 재작년, 재재재

작년, 재재재재작년의 신년사를 읽어 보았다. 필부의 신년사란 하루하루 그날그날 기분에 따라 달라지는 것이다. 1일이 다르고 2일이 또 다르다. 24년 1월 3일은 어떤가? 정세는 점점 더, 점점점 더 어두워지고 있다. '이거 어디까지 어두워지는 거예요?'다. 모든 것이 마뜩잖고 머릿속이 까맣다. 이젠 별로 뭐 슬픈 것도 없고 괴롭뿐. 아무것도 제대로 설명한 적 없는 것 같은데 뭔가를 설명해야 한다는 기분이 지겹고 괴롭다. 그리고 그보다 괴로운 것은 사람들이란 것을 점점 더 믿을 수 없어지는 자신이다. 사람들, 스스로 특별하다 믿는, 또는 그렇지 않다고 믿는…… 라고 자꾸만 내게 믿어지는…… 이 부문에서 믿을 만하지 않았던 것은 원래부터인데, 아무래도 운동이나 수면 등이 부족하기 때문인 것 같다. 그래도 아직 괴롬이 있어 다행 아니냐? 미칠 것 같은 세상…… 모든 일이 일어날 수 있다. 올해의 세계는 작년보다 더 큰 완력으로 밀고 들어올 것이다. 어떤 좋았던 시기로 돌아간다는 것은 없다는 걸 염두에 두고…… 예시만 되었던 것을 직접 (이 악물고) 만들어 내야 한다는 것을 인정할 필요가 있다. 작별을 각오해야 할 것이고, 만나야 할 것이다. 무엇과 만나나? 부조망과. 하고 또 해도 부족한 마음의 준비…… 도대체 무슨 말을 구해야 하나? 분명히 하고 싶은 말이 있었는데…… 나 자신에게 하고 싶었던, 그 말을 분명 전에 했을 것이다. 잘 찾아봐라…… 그게 뭐였나……?

나 인민머법관의 도박은 이렇다. 아마…… 어떤 종류의 비판…… 규탄…… 그보다도 실제의 물리적인 도움들을 주고받을 수 있는 관계를 확보하는 일이 점점 더 중요해질 것이다.(즉 후자로 이끄는 종류의 비판과 규탄이 필요하다.) 또는 관계들에 그러한 실체를 주는 일이.(그리고 누구나 따라 해 볼 수 있도록 시연하고 '극복할 교안'을 남겨 두는 일이.) 도움을 구할 수 있는 방법들을 최대한 확보해야 할 것이다. 그리고 그보다 중요하게는 도움을 줄 준비를. 여기서 도움은 다만 금을 나누는 일이 아니라 협동을 말하는 것이다. 협동을 통해…… 어떤 보장을 요구한다기보다, 보장 그 자체가 되려고 들어야 하고 그 방법을 퍼뜨려야 한다. 침투하고 장악하고…… 녹여야 한다. 돈을 버는 돈, 자본이라는 치면에 기대지 않고도 살 수 있다는 것을, 어떻게 살 수 있는지를…… 녹이면서, 드러낼 것이다. (아무리 원치 않아도 그렇게 될 것이다. 재앙 앞에서.) 그 일은 한편으로는 공판

장에서 배제된 것들에 값을 매기고 그것들이 제몫을 부르는 일일 것이며, 한편으로는 자본을 진실로 숫자로 주저앉히면서 거꾸로 세우는 일일 것이다. 그 일은 새로운 얼굴을 하고 오는 것이 아니라 '이 일이 그 일이었구나'에 더 가까울 것이다. 그런 시도들은…… 뭐가 잘 안 될 수도, 이미 잘 안 됐을 수도 있다. 그러나 그런 실패라도 지금 세계의 실패보다는 낫다. 더 나은 전개와 방안을 찾고 있는 한 그렇다. 그것이 지금 우리에게 필요한 혁명 이미지다. 나의 도박은 그렇다. 일테면 그것에 연락망이라는 단어를 쓸 수 있을지도 모른다. 내 사람 챙기기가 아니라, 아주 그 반대로 해야 할 것이다. 저 사람을 죽이는 게 아니라…… 무차별로 망설이지 않고, 냉담하게 누구든 챙겨야 할 것이다. 망설이지 말고…… 도우려 드는 일, 원통하게도 그게 자신을 구하는 길이다. 그리고 도움 주기를 망설이지 않는 만큼 도움 청하기도 망설이지 말아야 할 것, 이를 통해 어떤 것은 포기해야 할 것이고 어떤 것은 대신 구할 것이다. '아무것도 알고 싶지 않다'와 '모든 것을 알게 해 달라'를 동시에 할 것이다. 우리는 이미 연락망을 가지고 있다. 어떻게 할 것인가에 대해 이제부터 점점 더 빠르게 결정을 내려야 할 것이다.

주어진 시간이 줄어들 때 고독하게 있으면 버틸 수 없다. 속도가 빨라지므로 수로 맞서야 한다. 수 대 수로서가 아니라 시간 대 수로서다. 만약 친구와 지내는 방법을 훈련했다면 이제 그것을 친구 아닌 이들에게도 사용해야 할 것이다. 모든 가능성을 열어 두고. 무차별…… 無差別이 무슨 뜻인지 알게 될 것이다. 아, 이것이었구나, 그렇다면 그것은 스팸인가? 그럴 수도 있다. 나타나야만 했던. 아마도 다른 종류의 인간이 되어야 할 것이다. 그러나 바로 그것이었던. 모든 것이 필요해지고 있다. 풀어지고 있다. 모든 것, 묶으려 했던 것. 특히 나, 라는 생각이. 드릴은 끝나 간다……

2024년 3월 26일

「아 다르고 어 다른 세상에서」는 뜻하지 않은 원고 청탁을 받고 쓴 것이었다. 매호 하나의 주제를 정해 다양한 필자들, 주로는 젊은 연구자들로부터 원고를 받는 잡지였다. 그 호의 주제는 '대학'이었다. 편집자님은 내가 블로그에다 써 올린 어떤 부주의한 글을 재밌게 읽으신 모양이었다. 교정공으로서 교수들의 한심스러운 원고에 대해 한탄하며 쓴 얘기를……. 잡지에 나 같은 사람의 잡문은 격에 맞지 않는 거 아닌가도 싶고, 노동이나 취미 외 뭔가 원고를 써야 한다는 것이 또 다른 괴롭이기도 하고……. 그러나 편집자님께도 나름의 공감과 결단이 있으셨겠거니, 나 자신의 부주의함에 대한 책임으로, 한편으로는 출판 산업의 지면 없는 하청노동

241

자로서 우리 웬수 같은 교수님들에 대해 성토할 공적인 기회가 왔다는 생각으로, 그리고 유수의 출판사로부터 지급되는 고료를 빨아먹을 기회를 거부할 이유가 없다는 일념으로, 꾸역꾸역 썼다. 썼는데, 쓴다는 일이 늘 그렇지만 아무리 뭘 써도 불만족스럽기 짝이 없고, 왜 더 낫게 쓰지 못했는지 후회가 남고, 뭐가 정리 정돈이 되기는커녕 내면 낼수록 더 내고 싶은 화만이, 더 쓰지 못한 아쉬움만이 남는 것이다. 나는 더 무슨 이야기를 하고 싶은 걸까? 다 하지 못한 얘기가 뭔가?

내가 못다 한 이야기가 무엇인지 알기 위해 지금 사람들이 하는 얘기를 들어 본다. 내 친구들은 지금 유교랜드 이야기를 하고 있다. 거기 얘기는 잊을 만하면 나온다. 웃기는 데라는 거다. 나도 이야기에 끼어든다. 나는 거기 실제로 가 봤다. 정말 재밌는…… 콘텐츠가 많은 곳이다. 특히 외적 몰아내기 체험이 재밌었다. 심청이 체험도 진실로 기가 막혔는데…… 없어지기 전에 다녀와야 할 곳으로 보여 다녀온 지가 벌써 6년이 지났고, 아직도 안 없어졌다는 게 대단하다. 따지자면 지나간 때의 유행이었을 그 랜드는 이제 진정한 밈으로, 웃음거리로 남았다. 안쓰러운 우리의 지방 도시들이 스스로 관광지화 외에는 활로가 없다고 여기는 상황에서 기획력과 집행력이 태부족한 상태로 어떻게든 예산을 자본화하려다 보니 그런 쓰레기-관광지가 자꾸만 만들어지고, 그런 실패작들이 지나간 뒤 빈자리를 채우는 '검증된' 유행들. 물 있는 데마다 흔들다리, 산 있는 데마다 케이블카, 무작정 둘레길, 닥치고 데크, 이 악물고 축제, 눈물 나는 마스코트……그런 것들이 꼭 복제되는 밈 모양으로 지방 구석구석을 채워 가는 모양새를 보고 있자면 너무 즐거워 팔짝 뛰겠다. 왜 안 즐겁겠나? 유행을 읽어라! 더 이상 관광지에 아무 글자도 쓰지 말고 아무 뜻도 담지 마라! 관광객 모두의 손손마다 들린 스마트폰에 사진으로 남겨짐으로써, 그 구조물들은 그 자체로 글자가 되어야 한다. 이 또한 언젠가 웃음거리가 될 것인가?

이것은 마치 같은 글자를 계속해서 같은 방식으로 틀리고 마는 저자들, 내 눈 사이로 빠져나가 인쇄되어 버린 오자들 같다. 이미 인쇄되어 버린 것들을 보며 나는 웃음을 감출 수가 없다. 그냥 웃음이 저절로 나옵니다. 너무 좋죠. 나는 그것들을 더 온몸으로 만끽하고 싶다! 더! 더 만들어라! 더! 빼곡하게 채워라!

심청이-정신, 反심청이-정신

우리 대가리만 남은 세계강단좌파(?)의 저작물들
(존경과 감사, 안쓰러움을 담아)의 제목에도 돌고 도
는 유행이 있다.

'선언' 앞에다가 땡땡 붙이기 → 욕심쟁이 스타일
'사회주의' 앞뒤에다가 땡땡 붙이기 → 세미나 스타일
'공산주의' 앞에다가 땡땡 붙이기 → 도발적인 스타일
'자본주의' 앞뒤에다가 땡땡 붙이기 → 조심스러운
스타일

나 같은 필부도 못할 거 없으므로, 조심스럽게
'수발자본주의'를 제시하며 뇌피셜을 펼쳐 본다. 어
떨까? 모든 것에는 악몽 같은 버전이 있다. 수발자

본주의는 이른바 돌봄선언의 악몽 같은(=현실의) 버전이다. 돌봄 대신 수발이다. 자본이 세계의 지배적인 동인인 한 90퍼센트 인간의 삶은 그저 위쪽 10퍼센트 정도 인간의 수발을 들기 위한 것으로 격하된다. 자본이 그대로 힘 그 자체를 상징할 수 있는 세계에서 사회 구조도 힘의 논리를 따라 상향 수발식으로 재편된다. 노동자가 자본가를, 남반구가 북반구를, 여성이 남성을, 약자가 강자를, 종들이, 여전히 양반들을 수발들어야 한다는 식이다.

지방의 관광지화도 그 일환이다. 지방은 이제 그냥 수도권에서 관광하러 가는 곳일 뿐이다. 지방자치단체들은 관광부로 전락한다. 왜 관광하는가? 누가 관광하는가? 어떻게 관광하는가? 수발드는 존재로 격하된 자신들을 잊기 위해서…… 원청 수발드는 사람인 내가 그러했듯. 원청은 교수 수발들고…… 노동이 쟁취한 권리들을 하나둘 무장해제시켜 온 과정을 거치며, 이제 산업은 원하청과 특수고용, 비정규직의 형태로 정렬되어 그 자체로 사회적 연쇄수발의 형상을 띠고 있다. 이제 경영 활동이란 노동력을 뽑아내면서도 노동권을 우회하는 기발한 술수의 고안에 다름 아니게 되었고, 노동의 굴레에서 벗어나 수발의 정점에 오르는 것만이 노동자들에게 자유와 해방으로 취급받기에 이르렀다. 그리고 수발 그 자체인 산업에 발맞춰 수발 스트레스를 다루어 줄 산업들, 나 대신 진정한 인생을 살아 줄 영웅들을 우리는 찾아 헤매게 된다. 수많은 종류의 셀렙들이 인간의 이상으로 부상한다. 그들이 우리의 수발을 들어주는 듯이 우리가 그들의 수발을 들어주고…… 기업 광고 부서의 수발을 들어주고…… 조회수를 따라 기업으로부터 예산을 분배받고…… 이건 문자 그대로 수발 중독, 쾌락의 종살이다. 우그러지는 중인 대의민주주의다. 착취를 넘어 착즙이다. 착즙이 아니라 복수가 필요하다. 수발이 아니라 돌봄이 필요하다. 따라서 우리에센 필요하다. 돌봄으로서의 복수, 복수로서의 돌봄이. 그것은 그러니까 구체적으로 무엇인가? 심청이-정신? 심청이-정신 뒤집기? 세계가 인간을 수발들어야 한다는 생각도 이제 세계 앞에서 뛰어내려라 종용받고 있다.

2024년 4월 2일

선거 유세 지원에 다녀왔다. 너무 나가기 귀찮았지만…… 후배 겸 동네친구 겸 (후원)당원동지가 나간다 하기에…… 도저히 그냥 둘 수 없어(?) 나도 밍기적거리다가 나갔다. 보통은 어디 가서 연설이니 발언이니 하는 거 엥간해선 안 들으려고 한다. 아쉽다는 생각만 들기 때문에…… 저런 식으로 이야기하는 게 최선인가? 그보다는 요렇게 말하면 어떨까 저렇게 말하면 어떨까, 앞에서 누가 말하고 있으면 나는 항상 그런 생각을 하게 되고 그게 괴롭다. 직업병일 수도 있고 습속이 그렇게 고약하게 되어 놓은 것일 수도 있고…… 담백하게 말할 것, 누가 들을 것인지를 생각할 것, 리듬 있게 말할 것…… 왜 하필 여기서? 이 방식이 맞나? 더 낫게

할 순 없나? 옳다고 생각하지 말 것, 누가 말하는
지를 생각할 것, 모든 술수를 동원할 것, 말하지 않
아도 된다고 생각하는 바로 그것을 말할 것, 당연
하기에 말해지지 않아 온 것을 의미심장하게 말할
것, 그러나 새롭게 말할 것, 역지사지할 것, 허심탄
회할 것, 화전양면하고…… (반복) 어떤 대단하신
누가 와서 어떤 훌륭한 말씀을 하여도…… 그 시간
그 장소의 조금씩의 틀림이 들리고, 그렇게 말하지
말고 이렇게 말해라, 배 놔라 사과 놔라, 다른 누구
아닌 내 귀에다 중얼대는 그런 불쾌한 새끼가 내
귓속에 있다. 그리고…… 그러한 생각의 귓속에 그
런 생각도 있다. 연설이 과연 진실로 필요한 미덕
인가? 그것은 하나도 필요하지 않다. 아니다 필요
하다. 필요한 것은 인간이다. 아니다 인간은 필요
없다…… 나는 나 자신한테도 동의가 안 된다. 그
래도 얼마든지 이런 일은 가능한 것이다…… 유세
장소에 도착해 친구를 찾아가니 피켓을 들고 있었
고, 나도 피켓 하나를 들었다. 되도 않을 거 왜 여
기 나와 지랄들이냐는 할머니, 지나가며 욕을 하는
젊은 남자와 그의 입을 막으려는 그의 애인, 그 자
리 다음 차례 1야당 후보 유세를 위해 나타나 약속
대련인데 왜 약속을 안 지키느냐는 둥 아저씨 소릴

내면서 어슬렁거리는 아저씨들, 피켓을 들고 흔들면서, 노란 옷 녹색 옷 입은 사람들, 훈련되지 않은, 간신한 사람들……을 찾으면서 서 있다가 왔다. 날씨 좋았고 미세먼지도 예보만큼 나쁘지 않아 다행이었다.

2024년 4월 9일

철딱서니들의 성공, 행운, 노력, 실수, 우정, 사랑, 선행, 죄업…… 그딴 거 좀 그만 보고 싶다. 시샘과 이입과 억까와 억실이 난무하는, 눈물 없이 볼 수 없고 끝도 없는 일일대하드라마……

　셀렙이라는 개념의 생산은 점점 더 독려되고 있다. 나와 아무 관계도 없고, 나와 관계있는 아무 일도 하지 않는 이들의 개인사들, 아무리 그만 보고 싶어도 그것들은 정신세계의 온통 어디에나 처발려 있으며, 나의 의사와 무관하게 나 또한 그 일부를 구성하며 숨 쉬듯 가담하고 있다. 나의 삶 사이의 관계에 그들의 삶이 대신 들어간다. 그들이 나 대신 살아 준다. 그리고 그들처럼 되지 않기 위해 그들처럼 되고, 그들처럼 되기 위해 그들과 무관한 삶에 더 접착되는…… 이것은 신화세계와 다름이 없다. 그야말로 개인이라는 개념이 선동되고 있다. 유명은 광고를 매개로 현대에 유례없이 유력한 것으로 포장되고 있는 힘이다. 실은 아무것도 아니고 아무 가치도 없는 그것이…… 진실로 우리에게 필요한 노동은 한없이 천대받는 와중, 실제의 경험에서 그것은 천한 일 바로 그것이며…… 우리는 우리와 무관한 것일수록 빠져든다. 우리는 우리로부터 유관성을 발견하고 싶지 않다. 어쩌면 그건 목표를 잃고 파탄 난 정치, 머리 잘린 채 일어서려고 했던 계급정치의 언데드 춤이냐? 다름 아닌 우리가, 스스로 노동을 지우기 위하여, 대면하지 않을 수 없는 계급을 피하고 싶어서, 다만 개인 그 자체로부터의 착취가, 개성을 착취하는 시스템이 만들어지기에 이른 것이라면? (무슨 소린들 못 하랴……) 그것은 기업이 '자연스럽게' 주재하는 분배인가? 그렇다면 권력은 이제 남지 않은 것이나 마찬가지다. 권력은 상상할 수 있는 최악의 형태로 우리 머리머리 위에, 속에 이식되어 만사를 수긍시키고 있다. 그것이 제시하는 것은 오직 개성이다. '몰아주기는 가능하며, 해야 한다'는 끔찍한 생각 아래 세계를 자연스럽게 정렬시키는 방법은 몰아주기를 콘텐츠화하는 것이다. 자기 선전의 화신들을 내세우는 데서 나아가 산업화하기에 이른 체제다. 그것은 노동으로서의 개성과 소비로서의 노동을 만들어 냈다. 그리고 정치에서도, 우리는 그러한 개성들을 두고 갈라선다.

22대 총선이 내일이다. 나로선 다섯 번째 맞는, 역대급으로 절망적인 총선이다. 개발사업으로 부하들 부정한 돈잔치하는 걸 자기 치적으로 꾸민 사람이 당대표인 □□당, 자식 대학 보내겠다고 문서 위조한 사람이 당대표인 ○○당, 그리고 그들의 그런 잘못들보다도 백배로 열불 터지는, 주둥이로 진보를 참칭하고 뒷구멍으로 정의를 저버린 이들이 자신들에게 불리한 모든 규칙과 원칙을 음모로 돌리고 감히 피억압을 대표하며 뻔뻔하게 무슨 심판을 입에 올리고 동원으로 타락을 덮어 동원 자체를 타락시켜 버릴 수 있도록 만들어 준 역대급 개쓰레기 대통령의 버러지 같은 하수인이 대표인 ◇◇당…… 자기들은 다르다 하지만, 도대체 뭐가? 유불리 따라 달면 삼키고 쓰면 뱉고, 책임질 때 되면 말 바꾸고, 이슈 따라 그때그때 땜질식 정책, 마타도어와 선동에 의지해 수단과 방법을 가리지 않는 다수결 지상주의, 구조 개혁이 아니라 그저 권력투쟁…… 현실은 그냥 개처망하고 좆되고 있는 와중 자신들만의 매트릭스 속에서 현실주의를 자평하고 궤변을 일삼으며 몽상의 드라마 정치를 벗어나기는커녕…… 끝이 보이지 않는 수렁 속으로, 모든 좋은 단어들을 독점하려 들면서 말과 정신에 개 똥칠을 하고 공동체를 산산조각 내면서 총체적 파탄 속으로 함께 빠져들고 있다는 점에서는 그들 사이에 차이를 발견할 수 없다. 이 모든 개난리는 다만 감옥에 가는 사람의 면상을 바꾸기 위해서인가? 그리고 그럼에도 불구하고 토건개발과 부자감세에는 뜻을 모으는 것이 자유를 위해서고 민주를 위해서인가? 그나마 5번이 있어 다행이고 그 당이 대위기에 있다는 것이 불행이다? 정녕 그 개고생으로 탄핵을 해서…… 이것이 결말인가? 결과적으로 그건 혁명이 아니라 퇴행이 되게 생겼다. 소위 촛불 '혁명'이 정치에 있어서 남긴 것이 도대체 뭐냐? 이제는 그야말로 아무것도 없고 양당제로의 완전 후퇴만 목전에 있다.

내가 겪은 한 이 나라가 최고로 희망적이었던 때는 탄핵 후 대선 직후의 5당 체제였다. 그걸 결국 유지해 내지 못했다는 거…… 도탄과 통한이다. 한국에서 새로운 종류의 정치가 가능할 수도 있었던 시기를, 정치권력에의 독점욕으로, 치명적인 잘못들로, 눈 가리고 아웅으로, 억지실드와 자기기만으로, 당파의 이익에 대중을 동원하면서 허비해 버렸다. 이렇게 하나의 역사적인 기회가 결딴났다. 그나마그나마 겨우겨우×100 시작한 선거제 개혁도 이번에 두 번째로 누더기가 되어 놓았으니, 개선이 아니라 롤백을, 개악을 걱정해야 할 판이다. 이른바 진보계마저 적어도 반절은, 독자세력화의 전망을 사실상 포기한 것으로 보인다. 이제 원칙이란 원칙은 다 구겨졌고 수단과 방법을 가리지 않아야 된다는 식이다. 그저 니 편이냐 내 편이냐 하는 식이다. 나의 허물은 어떻게든 가리고 너의 허물만 들쑤셔야 한다는 식이다. 전망은 죄 내다 버렸고 피아식별에 온 신경을 곤두세우며 욕을 해댄다. 진실보다 중요한 것이 동원이라는 식이다. 이것은 거의 영혼에 대한 모독, 자기모독에 가까운…… 그런데 여기서 가장 절망적인 것은…… 도저히…… 사람들이라는 것을 믿을 수가 없게 된다는 것이다…… 저쪽과 그쪽이 비슷해져 간다는 것이다…… 위기는 외부와 내부로부터 동시에 다가오는데……

　　자본은 그들 대 그들이라는 갈등 그 자체로부

터, 인터랙티브 드라마로부터 이익을 빚어내는 데 성공하고 있다. 그것은 사회라는 개념의 전락이고 폭파다. 따라서 투쟁마저 갈등으로, 소란으로, 광고 수익으로 전화되는 이런 때에, 우리는 아마 투쟁에 대한 생각을 다시 해야 할 것이다. 사회를 바꿔야 한다는 생각이 차단된 빈자리를 두 가지가 채우고 있다. 하나는 자신을 바꾸지 못하는 데서 오는 정병이고 다른 하나는 남을 바꾸지 못하는 데서 오는 증오다. 급진과 실천의 모든 내용이 정병과 증오의 문자화로 대체되어 버린…… 바로 지금 내가 이렇게…… 왜 내가 이것을 줄줄 쓰고 있는지 모르겠다.

그런데도 오늘의 나는 어쩐지 힘이 난다. 나는 아무것도 아니다! 나는 아무것도! 내가 아무것도 아니라는 사실이 이렇게 힘이 될 수가 없다. 그래서 나는 무슨 이야기든 할 수 있다. 더 낫게 될 수도 있었던 지난번의 그 가능성은 구체적으로 어디서 온 것이고 무엇이었는지, 그리고 왜 이런 일단락을 앞에 두었는지 알게 된다. 지난날 우리는 거울을 봤었다. 그 가능성은 그때 배운 것들의 메아리였고, 이제 메아리는 한차례 끝났다. 우리는 다시 배울 것이다. 그것이 현대적 투쟁의 변치 않는 실마리다. 우리는 적들…… 우리 자신으로부터 배워야 한다, 가르쳐야 한다. 진실에 대하여 음모론으로 일관하고, 귀 막으며 비웃고 반대하는 일에만 흥미가 크고, 다만 결과와 그걸 가능하게 하는 힘을 최우선으로 하며, '어쩔 수 없음'을 쉽게 용납하는, 그런 자신으로부터다. 진실에 대하여 성실하고, 적과도 대화해 연대를 만들고, 과정이 곧 힘을 나누는 일이 되게 하고, '하나도 두고 가지 않겠다'는 데서 물러서지 않으려고, 이미 그런 세계인 듯이 행동하는 것이다. 그 세계는 한 명의 인간이 너무 많은 것을 가지는 일이 살인처럼 거부되는 세계일 것이다. 우리는 현대적 배금주의와 그것의 필연적인 악덕들로부터, 나눗셈과 오래된 자기 자신을 배울 것이다. 거울로 나를 둘로 나누듯, 그 일은 어렵지 않다. 전혀 어렵지 않다. 우리는 이미 그렇게 살고 있다. 좋고 나쁜 쪽으로, 무슨 일이든 일어날 수 있다. 또한 좋고 나쁜 쪽으로, 무슨 일이든 해 볼 수 있다…… '사람들'이란 것은 생각하지 마라…… 무슨 일이든 일어날 수 있다…… 무슨 일이든 해 볼 수 있다…… 우리는 서로를 찾을 수 있다…… 배우고 가르칠 수 있다…… 머리가 이상해진 것일 수도 있다. 무슨 일이 일어나도 놀라거나 두려울 것이 없다.

시를 위한 옹호

유세를 도우면서는 이런 이야기를 들었다. □□당으로 나왔으면 찍어 준다? 그래서 □□당 간 ㅂㅇㅈ 어떻게 됐나? 정책이 안 보인다느니 찍을 사람이 없다느니 싸우기만 한다느니 가능성이 없다느니 하는…… 그런 소리들 다, 있는 그대로 들으면 안 된다. 이대로라면 가능성이 없는 쪽은 이 세계다. 그런 세계에서 우리, 스스로를 그저 지나가는 사람들이라고 믿는 우리가 그냥 자신들을 용서하려고 하는 소리를 문자 그대로 들어서는 안 된다.

그렇다고 우리의 이 말들을 개 짖는 소리라 생각하자는 건 아니고, 일테면 읽히기를 기다리는 시라고 생각해야 한다는 것이다. 그냥 못 쓴 시도 아닌 존나 잘 쓴 시라고 생각하자. 민중이 옳다는 것은 정확히 그런 식으로다. 민중은 여간해선 입 열지 않는다. 만약 민중이 시를 배우려 한다면 그 역시 시적인 행동으로서, 쓰기 위해서가 아니라 읽기 위해서라고 봐야 맞는다. 다른 무엇이 아니라 자신을 읽어 보려고…… 이게 맞는 말일까?

2024년 4월 11일

어제는 3시 넘어 겨우 잠들었는데 꿈에 자꾸 5퍼센트가 나와서 엥? 그럴 리가…… 하고 깨어 확인하고 싶은 거를, 꿈인 줄 알아서 다시 자고 계속 잤다. 5년 만에 또다시 원외정당 지지자가 됐지만 다 괜찮다. 민중의 인내심은 무한…… '소보끄 기분'이란 제목으로 요즘 시 느낌 나는 시 한 편 쓰고 싶은 기분이다. 모든 것을 포기한 채, 모든 것을 모든 것에 맡기고, 정신의 식물 상태에 들어가 아기자기한 돌멩이나 그 비슷한 것들을 만지면서 평안해지고 싶은 것이다. 화를 내지도 소리를 지르지도 않고…… 무엇이 옳은지 틀린지 그런 것을 생각하느라 애먹지 않고…… 다른 사람 같은 것은 신경 쓰지 않고…… 아무 기대를 걸지 않고……

그러나 그 전에 할 일이 있다. 나름의 평가를 남겨 두지 않으면 안 될 것이다. 정치적 위기의 순간 일찌감치 대세를 읽고 '☆☆당 류의 극단적인 페미니즘에 반대'하셨던 ㅊㅁㅇ씨가 요번에 불사조처럼 생환하며 알 만한 사람들 사이에서마저 무슨 호프 같은 걸로 떠오르는 걸 보면서, 오늘날의 캐릭터-정치 지형에서는 참 누군가의 좀 제대로 된 기억(희망이 아니고)이란 것이 중요하다, '여럿이 믿으면 진실이 된다'는 것이 아주 어두운 방향으로도 가능하다는 것을 새삼 느꼈다.

어떨까? 결과론적인 이야기라도 남겨 둬야 할 때다. 이것은 결국 ㅅㅅㅅ의 대선 완주 후 우리의 후속 움직임에 대한 '심판'을 받은 것이 아니겠는가…… 그의 완주는 완전히 옳은 결정이었지만 이 유여하를 막론하고 그때 사람들의 참담한 기분에 대하여 정치적으로 제대로 된 행동을 취하지 않았다는 것이 이 결과까지 이어졌다고 본다면. 당시 완주부터가 감동도 매가리도 없이 '고심 끝에 그냥 한' 모양새였지마는, 그래도 기왕 한 거면 일찌감치 대여 투쟁을 펼치면서 한편으로는 왜 ㅁㅁ당과 함께할 수 없었는지, 왜 '그 녀석'과 단일화할 수 없었는지를 강렬하게 떳떳하게 주장했어야 했다. 그러면서 운신의 폭을 넓히며 결선투표라든가 제도적인 방향으로 열어갈 수도 있었을 텐데…… 그런데 그 결과에 우리 자신들부터가 놀란 것 같다. ㅅㅅㅈ은 애초에 비둘기파인데 마음이 꺾인 상태로 어쩔 수 없이 독배를 마신 감이 있고, ㅁㅁ당은 사실상의 대선불복으로 초장부터 아무거나 하나만 걸려라 식의 악선동과 극한 투쟁에 나서는 와중, 당은 '뭔가 제도로 풀어야 하는 거 아니냐'는 문제의식만 앞서고…… 어디 나가면 그냥 욕먹고…… 운동이나 대중과는 각자의 방식대로 더 멀어지고…… 점점 더 억울한 욕을, 점점 더 많이 처먹으면서 거기에만 반응하게 되고…… 의기소침해지고…… 뭔가 할 때마다 4개 프레임, (1) 우경화됐다(원외정당 및 '평자'들), (2) 페미당이다(안티페미), (3) ◇◇당과 한통속이다(ㅁㅁ당 지지자), (4) ㅁㅁ당과 한통속이다(◇◇당 지지자), (5) 너무 극단적이다/힘이 없다(저관여층 및 '평자'들)……으로 현란하게 돌아가면서 이거 하면 이거 처맞고 저거 하면 저거 처맞고 이거랑 저거를 동시에, 저거랑 그거를 동시에 두루치기 당해, 편들어 주는 이들 하나 없이 외통수 걸려…… 드디어 지지를 거둘 이유를 찾아낸 공통된 경향의 사면초가 가운데…… 있던 사람들은 침 뱉고 떠나가며, 당내 정파들은 뜻을 모으지 못한 채 좌고우면…… 노동중심…… 웅앵웅…… 눙지쳐참……

그간 느낀바, 정치적인 것에 있어서 좌우가 합작하면 그 일은 이루어진다. 그 좌와 우가 상대적으로 시시각각 면면을 바꿀 따름, 이루어진 일은 반드시 합작의 결과다. 일단 밖의 좌(원외 진보세력)와 우(□□당) 양측에서 이 결과를 추동했다. 그리고 ☆☆당 그 자신은 하나하나만 보면 할 만한 선택들(그 누구의 어떤 선택들에도 다 나름의 합당한 이유가 있는 법……)을 했으나, 모든 선택을 주욱 늘어놓고 보았을 때 모순과 균열이 생기고 양쪽상하에서 비판받을 부분이 만들어졌다. 내부적으로 판단의 일치를 이루지 못했고 일관된 관점과 전망과 전략을 내세우지 못했다. 자신들의 선택을 통일된 입장으로 제대로 설득해 내지 못했다. 죽을힘을 다해 독자적 지지층을 만들었어야 했건만, 안에서 합의될 수 있는 곳만 딛다가 밖에서 디딜 공간을 잃었다. 아무도 뭔가를 책임지지 않아도 되는(책임을 질 수도 없는) 구조에 빠져들고 말았다. 판판이 분열했고, 서로 믿음을 잃었고, (지금 내가 이러하듯) 비판할 수는 있었으나 서로를 가르치고 배우지는 못했다. 그 자신까지 포함해 너무 광범위한 스펙트럼에 대하여 욕할 만한 이유를 하나씩 다 만들어 주고, 그래도 실드 쳐 줄 강력한 이유와 포기할 수 없는 일관성 하나를 모으지는 못한 채, 어디서 누군가들이 마타도어할 때 지지자들이 제대로 대꾸할 말 한마디를 만들어 주지 못한 채, 그 얘기 하던 사람들은 거기 가고 저 얘기 하던 사람들은 저기 가서 각자의 정치 생명을 시궁창에 처박으며 끝냈다. 한 먹은 □□당 지지자들 불을 뿜자 거기 동조되어 버려 슬그머니 돌아선 이들은 한층 더 가열차게, 자신들이 뭔 말을 하는지도 모르게 개 쌍욕 쌍욕…… 변변한 스피커도 운동도 없이 설득의 기회도 명분도 유실…… 힘으로 흔들고 밟으니 밟혀, 시원하게 찢어져 버린 끝에 남은 이들만 남아 절대적으로 불리한 여론지형 속에 읍소하다 심판을 받아야만 하는…… 다 늦어 '우리'를 지켜 달라 읍소가 아니라, 지키고 변화시키는 힘으로서의 '우리'를 줄기차게 호명하며 전망과 연결시켰어야 했건만…… 어쩌겠는가? 원망할 것이 없다. 실패로부터 배울 수 있다면 실패도 괜찮다. 실패로부터 도망치지 않는다면…… 죄송합니다…… 말은 너무 쉽죠……

하지만 그래도, 2는 넘겼다니 불행 중 다행 아

니냐? 19대 총선보다는 2배의 결과 아니냐? 그때는 1퍼센트, 대략 20만이었다. 지금은 그래도 찍어준 사람이 60만 하고도 9000명이나 된다 안 하요…… 60만이면 대한민국 평시 병력 수보다도 많다. 인세를 떠나고 싶지만 언제는 아니었나? 낙담할 것이 없고 그 일은 어차피 이루어진다. 세계는 언제나 위기였고 비상이었다. 할 일을 해 나가야 할 것이다. 무엇이 옳은지 그른지를 기억하고, 어떻게 했어야 했는지를 헤아리고, 어떻게 할 것인지를 이야기하고…… 죽은 다음까지? 죽은 다음까지……! 말은 너무 쉽다. ★★당과 ☆☆당에 미안하며 감사하다.

일기의 끝

알람을 듣고 일어난다. 5분 간격으로 알람을 끄면서 20분 정도 더 잔다. 마지막 알람에 씻으러 들어간다. 정확히 어제 그 시간 바로 그렇게 머리에 물을 끼얹었던 일이 자꾸 떠오르려는 걸 애써 지우면서 머리에 물을 끼얹는다. 버스를 타려고 걷는다. 버스를 탄다. 버스가 다리를 건넌다. 벨을 누르려고 한다. 단말기에서 삑 하는 소리가 날 때까지 카드를 대려고 애쓴다. 버스에서 내린다. 다음 버스를 탄다. 내린다. 일터까지 걷는다. 편의점에서 점심에 먹을 것을 산다. 근태관리기에 엄지손가락을 댄다. 인사할 상황이면 인사한다. 커피를 내린다. 실외 배변만 하는 개처럼, 화장실에 다녀온다. 교정을 시작한다. 자리에서 그대로 점심을 먹는다.

교정을 계속한다. 퇴근하고 저녁을 먹거나 저녁을 먹은 다음 더 교정하고 퇴근한다. 해야 하는 가사가 있다면 한다. 잔다.

교정의 요정

일기들

1판 1쇄 찍음 2024년 6월 19일

1판 1쇄 펴냄 2024년 6월 26일

지은이 유리관

발행인 박근섭, 박상준

펴낸곳 ㈜민음사

출판등록 1966. 5. 19. (제 16-490호)

서울특별시 강남구 도산대로1길 62(신사동)

강남출판문화센터 5층(우편번호 06027)

대표전화 02-515-2000

팩시밀리 02-515-2007

www.minumsa.com

ⓒ 유리관, 2024. Printed in Seoul, Korea

978-89-374-9217-4 04300

978-89-374-9200-6 세트